KB265798

자치단체 CEO

대한민국을 움직이는
자치단체 CEO

정문섭 지음

이른아침

성공한 지자체엔
반드시 남다른 비밀과 노력이 있다

민선 지방자치제가 본격적으로 시행된 이후 어느덧 15년의 세월이 흘렀다. 그동안 전국의 228개 기초자치단체장들은 저마다 해당 지역 발전을 위해 고군분투해 왔지만 자타가 인정할 만큼 고속 성장을 거듭하고 있는 자치단체들은 그리 많지 않다. 이러한 때에 누군가가 나서서 지방자치 발전에 획기적인 업적을 남긴 단체장들을 연속 조명하여 다른 자치단체들이 충분히 활용할 수 있도록 정보를 제공한다면 얼마나 좋을까? 처음에는 점點에 머물렀던 이런 생각들이 일선 현장을 취재하는 동안 선線으로 이어지고, 지방행정을 공부하면서 마침내 면面이라는 형태로 밑그림이 그려졌다.

지방 일간지에서 지방행정 현장을 직접 취재했던 기자로서, 대학에서 지방행정 박사과정을 밟고 있는 만학도로서, 지방자치를 연구하는 연구소장으로서 한국의 지방자치가 한 단계 도약하는 데 밑거름이 되어야겠다는 사명감과 소명의식도 한몫했다. 이에 '우연한 성공은 없다' 시리즈를 출간하면서 성공한 사람들을 만나 그들의 살아온 과정을 교훈적인 스토리로 담았던 경험을 토대로 이번에는 성공한 자치단체장들을 찾아나서는 대장정大長征을 시작했다.

초대장을 보내고, 어렵사리 주인공들의 수락을 받아 인터뷰 날짜를 받고 자치단체장들을 만나기 위해 나는 주말도 아랑곳 않고 전국을 누볐다. 녹음 내용을 정리하고 받아온 자료를 토대로 원고를 써내려가는 동안 성공한 지자체에는 이유가 있다는 것을 깨달을 수 있었다.

『대한민국을 움직이는 자치단체 CEO』제1권은 그렇게 해서 탄생되었다. 이 책에 수록된 내용들은 한국의 지방자치를 선두에서 이끌어가는 우리 시대 리더들의 이야기들을 담은 것이다. 김휘동 안동시장(前), 문동신 군산시장, 엄태영 제천시장(前), 이석형 함평군수(前), 정갑철 화천군수의 이야기를 담은 첫 권이 출간되자 많은 사람들이 '성공한 단체장들의 삶 속에서 지방이 희망이 되어야 하는 이유를 확인할 수 있었다.'고 긍정적인 평가를 해주었다. 나는 이 책을 통해 이들이 어떤 과정을 거쳐 단체장에 출마하게 됐고, 지역의 미래 비전을 어떻게 제시하면서, 어떠한 리더십을 가지고 지역을 이끌어왔는지, 그들이 살아온 삶과 소신, 철학, 원칙을 담아내고자 나름대로 최선을 다했다.

기초단체장들은 하루 24시간이 모자랄 정도로 바쁜 사람들이다. 이들을 만나려고 전국을 돌아다니는 것도 녹록한 일은 아니었지만 그들과 인터뷰를 하겠다고 많은 시간을 할애받는 일은 더더욱 어려운 일이었다. 그러나 이러한 일들을 통해 한국의 지방자치가 더 빠르게 정상궤도에 오르고 정착이 되도록 해야 한다는 사명감을 갖고 있었기에 느린 소걸음이었지만 한 단계 두 단계 내디딜 수 있었다.

이제 2010년 12월 마지막 달에 『대한민국을 움직이는 자치단체 CEO』제2권도 세상에 내놓는다. 2권에서는 세계 5대 연안습지의 하나인 순천만에

2013년 순천만 국제정원박람회를 유치하고 '대한민국 생태수도 순천'을 통해 주민소득 4만 불이 보장되는 대한민국 최고의 정주도시를 꿈꾸는 노관규 순천시장과, 폐광의 도시 영월을 가능과 희망의 도시로 바꾸며, 지붕 없는 박물관, 테마가 있고 이야기가 있어 걷고 싶은 명품창조도시, 디자인공간도시, 세계적인 박물관도시로 가꾸고 있는 박선규 영월군수, 단순한 철강도시에서 벗어나 문화와 복지, 첨단, 생태환경, 국제 거점, 관광 레포츠, 품격 등이 깃든 일곱 빛깔의 일류 도시 포항으로 만드는 영일만 르네상스 프로젝트를 실천하고 있는 박승호 포항시장, 세계 3대 디자인도시를 꿈꾸며, '역사 없이는 민족의 미래도 없다.'는 철학을 토대로 구리시에 고구려의 혼魂을 담기에 여념이 없는 박영순 구리시장, 스포츠기획단 신설로 강진군을 '전국 최고의 스포츠 메카'로 조성하고, 강진청자축제를 9년 연속 전국 최우수 축제로 자리 잡게 한 황주홍 강진군수 등의 이야기를 담았다.

　나는 이 책이 동료 자치단체장들은 물론 미래의 자치단체장을 꿈꾸는 후보들과 지방자치에 관여하고 있는 사람들, 이를 연구하는 사람들, 그리고 자치단체에 소속되어 있는 공무원 모두에게도 반드시 도움이 될 것으로 확신한다.

　성공한 자치단체에는 비밀이 있다. 성공한 자치단체는 먼저 리더인 단체장이 지역민들이 공감하는 미래 비전을 제시하면서 경청, 청렴, 긍정, 평가, 신뢰라는 리더의 덕목을 가지고 공무원들과의 비전 공유를 시작한다. 이 과정에서 공무원들을 변화시키기 위한 집중적인 교육이 이루어지며, 공무원들은 팔로워십으로의 무장을 통해 지역민들과 단체장의 비전을 공유하면서 단체장과 공무원, 지역민들이 하나가 되어 공동의 목표를 향해 매진

한다는 공통적 특성을 보이고 있다.

'한 사람이 꿈을 꾸면 꿈으로 끝나지만 만인이 꿈을 꾸면 현실이 된다.'는 유목민의 속담처럼 자치단체장이 자치단체의 구성원들과 미래 비전을 공유하면서 지역 발전을 위해 함께 전진해 나아간다면 이루지 못할 것이 없다. 지방이 희망이 되려면 지방을 이끌어나가는 단체장이 먼저 희망의 등불이 되어야 한다. 그러나 이에 못지않게 중요한 것은 구성원들이 서로 화합하면서 지역의 열세를 극복하겠다는 실천적 의지와 긍정적 자세를 갖추는 일이 될 것이다.

끝으로 필자가 단체장들을 인터뷰하고 각종 자료를 토대로 글을 정리하면서 마치 단체장이 직접 쓴 글인 양 1인칭 화법을 전개한 것은 글에 생동감을 주면서 독자들로 하여금 빨려들어가는 느낌을 주기 위해서였다. 이 점은 독자나 주인공 모두 오해가 없으시기를 바란다.

두 번째 책의 주인공이 되어주신 노관규 순천시장, 박선규 영월군수, 박승호 포항시장, 박영순 구리시장, 황주홍 강진군수(이상 가나다순) 등 다섯 분의 자치단체장 모두에게 다시 한 번 감사의 말씀을 드린다.

뜨거운 가슴과 냉철한 머리를 가지고 '지방이 희망'임을 보여주기 위해 오늘도 혼신渾身의 노력을 다하고 있을 성공한 자치단체장들을 향한 릴레이 인터뷰는 앞으로도 계속 이어질 것이다.

2010년 12월
문담門潭 정문섭

차례

주민소득 4만 불이 보장되는
대한민국 최고의 정주도시를 꿈꾼다

내가 시장에 출마하겠다고 정식으로 선언하고 시민들을 만나자 순천사람들은 나를 객지 놈으로 취급하지 않았다. 오히려 집 나갔다가 고생하고 돌아온 큰아들을 반기는 분위기였다. '순천에 왔으니 순천을 위해 큰일을 해달라.'는 것이었다. 진인사대천명이라고 했던가. 그 속에서 희망은 자랐고, 꽃은 피었다. 나는 이제 그 희망의 꽃을 창가에 두지 않고 순천시민 모두와 나누고 싶다. 순천시장에 당선된 이후 나는 먼저 〈시장십계명〉부터 정했다.

세계 5대 연안습지의 하나인 순천만. 세계의 흐름을 재빠르게 읽고 움직였던
지방의 작은 도시 순천시가 전국 최초로 대한민국 최고의 살기 좋은 도시로 인정받았다.

근본주의자의 장손으로 태어났기에

나는 전라남도 나주에서 태어났다. 그러나 바로 장흥으로 이사했기 때문에 어릴 적 기억은 장흥군 유치면 용문리가 전부다. 지금도 고향을 생각하면 지리산의 한 자락인 삼계봉과 가지산의 국사봉에 둘러싸인 산골 분지盆地가 떠오른다. 내가 여기서 살게 된 것은 할아버지께서 집안의 가세가 기울자 외가가 있던 이곳으로 처가살이를 하려고 집단 이주를 결정했기 때문이다.

나의 할아버지는 매우 강직한 분이셨다. 그러나 한일합방과 한국전쟁을 거치면서 품고 있던 뜻을 펴지 못하시자 바깥세상에 등을 돌리고 시골로 들어온 것이다. 그래도 할아버지가 동네 서당을 여신 덕택에 이곳에서 『천자문』과 『동문선습』을 깨우칠 수 있었던 것은 불행 중 다행이었다고나 할까.

피는 못 속인다고 할아버지의 큰아들이었던 아버지도 강직하시기는 마찬가지였다. 아버지는 집안에 곡식이 떨어지면 아랑곳하지 않으면서도 동네 일로 면사무소엘 가면 시시비비를 꼭 가려야만 직성이 풀리는 성격이었다. 덕분에 가족들은 늘 추위와 배고픔을 견뎌야만 했다. 도시 아이들과 달리 우리 동네는 하루 세 끼를 모두 챙겨먹는 집도 그리 많지 않았다.

유치초등학교에 다닐 때의 일이다. 못 먹어서 몸도 약골이었던 나는 같은 동네에 살던 덩치 큰 친구에게 괴롭힘을 많이 당했다. 힘도 모자랐기에 등하굣길에서는 친구의 가방까지 들어주는 수모를 겪기도 했다. 그러던 어느 날 나는 무슨 생각에서였는지 나를 괴롭히던 그 친구에게 반기를 들었다.

"앞으로 네 가방 들지 않을 거야."

순간 내 눈에서 번갯불이 스쳐가는 충격을 느꼈고 나는 길바닥에 내동댕이쳐졌다.

우연히 내가 맞는 것을 본 여동생도 돌멩이를 들고 친구에게 덤벼들었다가 힘없이 고꾸라지고 말았다. 그 모습을 보는 순간 두려움과 함께 분노가 치밀었다. 결국 친구에게 죽기 살기로 달려들었다. 얼마나 지났을까. 동네 어른들이 나서면서 상황은 일단락됐지만 싸움은 나의 완패였다.

이 소식을 들은 할아버지는 '애들 싸움은 애들끼리 풀게 내버려 두라.'고 툇마루에서 넌지시 한마디 거드셨다. 그 소리를 듣는 순간 이제까지 친구에게 당한 것이 너무 분하고 억울했다. 그날 밤 다시 그 친구를 불러내 싸움을 걸었다가 또 맞았다. 다음날 등굣길에 다시 달려들었다. 그리고 학교에서 돌아오는 길에 또 싸움을 걸었다.

나는 싸움을 걸 때마다 매번 맞았다. 그러나 열 번을 맞으면 세 대 정도는 때렸으니 일방적으로 진 것은 아니었다. 그렇게 사흘간 오기로 싸움을 걸자 이번에는 때리던 친구가 슬슬 나를 피하는 것이었다. 동네 사람들은 그런 나를 독한 놈이라고 했다.

맞을 줄 알면서도 달려들어야 했던 내 심정은 오죽했겠는가. 그러나 나는 이런 과정을 통해 세상 살아가는 방법을 조금씩 배워 나가고 있었다. 이후 나의 인생에서 어렵고 두려운 상황을 겪을수록 긴장은 되지만 되레 온몸에 힘이 불끈 솟아오르게 된 것도 그때의 경험이 한몫했다.

이후 그 친구와는 둘도 없는 지기가 되었다. 집안은 어려웠어도 유치중학교를 거쳐 숙부의 도움으로 순천 매산고등학교에까지 입학할 수 있었다. 그러나 집에서 약속한 것과 달리 순천에 나오자 나는 숙부의 집에서 만화책만 보았지 공부는 열심히 하지 않았다. 결과적으로 졸업할 때까지 장학금을 받고 다니겠다는 부모님과의 약속은 지키지 못했다.

구로공단의 바닥인생에서 세무공무원으로 변신하다

고3이 되어 친구들이 대학 진학을 모색할 무렵, 나는 취직을 해보려고 여기저기 서류를 넣었으나 번번이 퇴짜를 맞았다. 78년 3월은 많은 친구들이 대학 생활을 시작하고 입시에 떨어진 친구들은 재수학원에 등록할 무렵이었지만 나는 돈을 벌기 위해 서울 구로 3공단에 있는 장갑공장에 취직했다.

숨 막힐 듯 답답한 공장 구석에서 독한 화공약품 냄새를 맡으며 하루 종일 작두로 가죽원단을 자르는 고된 일을 했다. 그래도 공부는 하려고 첫 월급을 받자마자 중고 책상과 걸상을 장만했다. 주경야독을 하면서 공무원 시험을 준비하려 했던 것이다. 그러나 툭하면 야근에 밤샘작업까지 해야 겨우 하루가 굴러가는 생활이 다람쥐 쳇바퀴 돌듯 계속되자 공부할 시간은 엄두를 낼 수 없었다.

오늘 공부하기 싫으면 내일 해도 되고, 올해 재수해서 대학에 못가면 내년에 다시 재수라도 할 수 있다면 이 얼마나 행복한 인생인가. 나는 그렇게 사는 친구들이 당시엔 그렇게 부러울 수가 없었다.

불과 몇 달 동안이었지만 희망이 보이지 않는 생활이 이어지자 자포자기의 심정이 되어 나중에는 매일같이 술만 퍼마셨다. 그러나 이래서는 안 된다는 생각에 6개월 만에 구로공단 생활을 완전히 청산했다.

공무원 시험을 보기로 결심하고 구로공단을 벗어나자 의외로 쉽게 길이 열리기 시작했다. 우유보급소 총무로 취업을 했더니 마침 보급소 주인이 세무공무원 출신이라 '공무원은 세무공무원이 최고'라며 '열심히 공부하라.'고 격려까지 해주는 것이었다.

시험기간이 4개월 남짓 남았을 때 시간을 효율적으로 활용하기 위해 보급소 일도 그만 두고 학원에 등록해 난생 처음 부기를 배웠다. 그리고 이듬해 3월 어렵게 시험을 치르고 초조한 심정으로 고향에 내려와 기다리는데 5월 어느 날 서울신문에 발표된 세무공무원 합격자 명단에서 내 이름을 찾을 수 있었다.

　세무서에 근무하면서 난생 처음 나는 따듯함을 느낄 수 있었다. 마침 여동생도 삼양사로 직장을 옮기면서 저축도 할 수 있었고 통장도 처음 만들었다. 내 앞에 펼쳐지는 세상은 너무나 달콤했고, 세무공무원 자리는 아쉬울 것 없는 나의 청사초롱이 되어주고 있었다.

내 인생을 바꾼 한 권의 책

　그렇게 양지에서 세상에 대한 안락함을 느끼며 살던 어느 날이었다. 어느덧 매너리즘에 빠져 꿈도 없이 하루하루를 살아가고 있던 내게 소스라쳐 놀랄 경천동지의 사태가 발생했다. 그날도 평소와 다름없이 세무서 직원들과 2차 회식자리를 갖고 있을 때였다.

　당시 '미친개'라는 별명으로 더욱 잘 알려진 세무서 상사가 술이 좀 과했나 싶었는데, 아니나 다를까 갑자기 내 이름을 부르더니 술잔을 날리는 것이었다. 엉겁결에 피하긴 했지만 그는 그동안 내게 가졌던 감정을 폭발시킨 것이었다. 다행히 동료들이 말리는 바람에 사태는 수습되었다. 그러나 세무공무원을 계속 하려면 미친개 같은 인간에게 계속 당할 것이고, 당하지 않으려면 똑같이 미친개처럼 살아야 한다고 생각하니 억울하고 화가 났다. 그러나 또 한편으로는 내 자신이 부끄럽고 가여운 생각이 들었다.

　동료들과 떡이 되도록 술을 퍼마신 뒤 새벽 2시에 집에 들어갔는데 동생 홍규가 책을 보고 있었다. 술김에 빼앗아 펼쳐보니 사법고시 합격자의 수기를 모은 『다시 태어나도 이 길을』이라는 책이었다.

처음엔 건성건성 책장을 넘겼지만 나중에는 정신없이 빠져들어 단숨에 책을 모조리 독파할 수 있었다. 그리고 새벽을 하얗게 지새운 나는 다음날 사흘간 휴가를 신청하고 무작정 여행길에 올랐다. 차창 너머로 스치는 풍경들을 바라보며 생각했다.

'도대체 나는 누구이며, 어떻게 살아야 하고, 무엇을 하며 살아야 하는 걸까.'

여행에서 돌아와 다시 그 책을 펼쳤는데도 온 몸에 전율이 다시 느껴졌다. 팔딱팔딱 뛰는 맥박과 두근거리는 심장처럼 살아 움직이는 듯 짜릿한 느낌이었다. 다음날 책방에 가서 사법고시 과목 책과 예상문제집, 기출문제모음집을 구입했다.

그렇게 보름여가 흘렀을 무렵 가족들과 저녁을 먹는 자리에서 나는 사법고시에 도전하겠다고 선언했다.

"송충이는 솔잎만 먹고 살아야 하는 겨."

"엄니, 저 송충이 아니여라. 사람인께 솔잎 안 먹고 살라여."

다음날 아침 뒤도 돌아보지 않고 미련 없이 세무서에 사표를 던졌다.

사법고시 도전과 검사생활

87년 8월 장맛비가 일주일째 내리던 날, 스물아홉의 나이에 친구와 함께 고시공부 10년차라는 일류대 출신의 친구 선배를 만나러 갔다.

"대학은 어딜 나왔어요?"

"고등학교 졸업하고 세무공무원을 하다가 한 달 전 사표를 냈습니다."

"왜 사법고시를 하려고 해요?"

"남자로서 한 번 도전해 볼만한 일이라고 생각해서요."

"이 고시촌에는 문제 있는 사람들이 많소. 나도 1년만 더 1년만 더 하다가 이리 됐소만, 젊은 친구, 정신 차려서 내 꼴 나지 않는 게 좋을 거요."

그 사내의 말도 옳았다. 허나 내 몸을 던져서 몰두할만한 일을 찾아낼 수 있다는 것은 당시 나에게는 매우 중요한 일이었다. 고시촌은 공부에 죽자 살자 매달리는 고시준비생 때문에 낮보다 밤이 더 환할 정도였다. 그러나 매달리는 것도 요령이 필요하고 전체의 흐름과 판세를 읽는 눈이 필요하다는 생각이 들었다.

89년 4월, 1차 시험에 떨어졌다. 입맛은 썼지만 그래도 나름대로 조금씩 정리되는 느낌은 있었다. 시험공부를 하면서 새벽에 일어나 경건한 마음으로 기도할 때 갑자기 그 느낌은 푸드득 살아났다. 도를 닦는 사람들이 흔히 말하는 적적성성寂寂惺惺의 경지였다. 마음과 몸이, 세상 전체가 고요하거나 가라앉아 있으면서 정신이 말갛게 깨어나 있는 그런 상태라고나 할까?

89년부터는 생활비조차 바닥이 나 주로 집 골방에서 공부했다. 팬티만 입고 덥수룩한 수염에 눈은 횡하니 앉아 있는 모습이 마치 산송장처럼 보였다는 어머님 말씀처럼 내 딴에는 열심히 했건만 90년 4월 치른 1차 시험에 또 떨어졌다.

절망적인 느낌이 들었지만 포기하지 않고 다시 광주의 작은 아버지와 친구 이복연을 찾아가 고시 준비 자금을 구걸한 뒤 싸구려 고시원에서 집으로, 다시 판자촌을 전전하며 집념을 불태운 결과 91년 여름 33회 1차 시험에 합격했다.

그해 2차 시험엔 떨어졌다. 그러나 사법고시는 1차에 합격하면 2차는 두 번 볼 수 있는 기회가 주어져서 이듬해인 92년 8월 마침내 34회 사법고시 2차까지 합격했다.

95년 3월, 서른다섯의 늦은 나이로 서울지검북부지청 검사로 발령을 받았다. 초임검사 시절 나의 별명은 '토큰 검사'였다. 승용차도 없이 아침저녁 버스를 타고 출퇴근을 하자 붙은 별명이었다.

북부지청에 근무한 지 3개월 만에 나는 '학교급식 비리사건'을 수사해 첫 개가를 올렸다. 1년 후에는 '과학기자재납품 비리사건'을 파헤쳤고, 97년에는 한보사건이 터지자 대검 중앙수사부로 파견되었다.

트럭 다섯 대 분량의 자료를 입수한 나는 국세청과 금감원 직원들을 지휘하면서 비자금 7,100억 원 상당을 밝혀냈고, '자물쇠'로 알려진 한보그룹 정태수 회장의 입을 열게 했다. 세무공무원 8년 경력이 검사 생활을 하는데 큰 도움이 되었음은 물론이다.

또 김영삼 대통령의 아들 김현철 비리사건 수사에 참여하면서 그해 가을 평검사로서는 최초로 사법연수원에 초청받아 계좌추적, 장부조사 등으로 비자금을 밝혀내는 기업조사 기법도 강의하게 되었다.

강의를 통해 나는 사법연수원생들에게 비자금을 밝혀낼 수 있는 전문적인 방법을 익히는 것도 중요하지만, 보다 중요한 것은 사람들이 가진 심리 구조와 비자금 은닉 구조의 고리를 제대로 파악해야 하는 것이라고 강조했다.

사람들에게 편리한 생활을 누리도록 해주는 재화가 어떻게 사람을 파멸시키고 인간성을 황폐화시키는 흉물스런 재화로 둔갑하는지를 알아야 사건도 제대로 수사할 수 있고 그런 법칙을 체득해야만 자랑스럽고 당당한 법조인이 될 수 있다고 생각한다.

세무공무원과 검사 생활을 하면서 절실하게 느낀 게 있다. 그것은 돈은 권력을 이기지 못하고 권력은 명예를 이기지 못한다는 사실이었다.

97년에 주임검사가 되어 의정부 법조비리 사건을 맡아 같은 법조인들을 수사할 때에는 마치 내 가슴을 칼로 도려내는 느낌이었다. 수사를 하면서 질책과 격려도 많이 받았지만 나 역시 이 사회에서 특혜를 누리는 계층에 포함되어 있다는 사실에 자신을 다시 되돌아보는 계기도 되었다.

2000년 2월 수원지검 특수부에 사표를 제출하면서 6년 동안의 내 검사생활은 종지부를 찍었다. 검사는 정말 좋은 직업이다. 직장도 안정적이고, 사회적으로 존경도 받을 수 있고, 일처리를 하면서 느끼는 성취감도 매우 컸다. 그런데 6년 만에 사표를 내자 '그 좋은 직장을 왜 그만두느냐?'면서 의아해하는 사람들이 많았다. 내가 그만둔 이유는 첫째는 자신을 돌아보기가 힘들어서였고, 둘째는 한 군데에 안주하는 것을 견디지 못하는 집안의 피가 흐르는 탓이었다. 셋째는 병마에 시달리고 있는 나의 큰아들 원호를 보살펴 주어야한다는 아버지로서의 의무감 때문이었다.

지난 이야기지만 96년 내가 과학기자재 사건 수사에 매달리고 있을 무렵 세 살배기 큰아들 원호는 온몸이 불덩이처럼 달아오르는 혼수상태가 되어 사경을 헤매고 있었다. 서울대병원에서 종합검진을 받았더니 '에반스증후군'이라는 진단을 받았다.

일종의 혈액종양 질병으로 전 세계적으로도 희귀한 이 병은 치료약도 없고 수술로 고칠 수도 없는 병이었다. 결국 나중에는 서울대병원도 치료를 포기한다고 선언했다. 공기 좋은 곳에 살면서 무공해 음식으로 식이요법을 하는 방법밖에 없다는 것이었다.

서울시 강동 갑구 국회의원 선거에서 낙선한 이후 나는 아들과 함께 살기로 결심하고 지리산 일대를 샅샅이 뒤지다가 물 맑고 공기 좋은 구례군 산동면 신평부락 부근에 보금자리를 마련했다.

강동구 지역구민들에게는 미안했지만 지구당위원장직을 그만두고 강남에 있던 변호사 사무실도 정리했다. 이참에 민주당 중앙위원직마저 그만 두려고 했으나 당에서 요청하여 순천지구당위원장을 맡기로 하고 서울 생활을 청산했다.

매일 낭독하는 〈시장십계명〉

순천은 지금 내게 고향이나 마찬가지다. 순천시와 나의 인연은 매산고등학교에 다니던 시절에 맺어졌다. 그러나 20년이 넘도록 타향살이를 하다 돌아온 나에게 순천은 정겨운 도시처럼 느껴지진 않았다.

'서울에서 안 되니까 고향 장흥도 아닌 순천에서 빌붙으려 한다.'고

눈총을 주는 것 같아 괜스레 움츠러들기까지 했다. 그러나 내가 시장에 출마하겠다고 정식으로 선언하고 시민들을 만나자 순천사람들은 나를 객지 놈으로 취급하지 않았다. 오히려 집 나갔다가 고생하고 돌아온 큰아들을 반기는 분위기였다. '순천에 왔으니 순천을 위해 큰일을 해달라.'는 것이었다.

진인사대천명이라고 했던가. 그 속에서 희망은 자랐고, 꽃은 피었다. 나는 이제 그 희망의 꽃을 창가에 두지 않고 순천시민 모두와 나누고 싶다. 순천시장에 당선된 이후 나는 먼저 〈시장십계명〉부터 정했다.

1. 청렴하면 탈이 없다.
2. 좋은 인재를 구하는 것이 성공의 지름길이다.
3. 시장이 공부하는 만큼 지역은 발전한다.
4. 잘 설계된 시정 밑그림, 10년을 좌우한다.
5. 선택과 집중이 리더십의 핵심이다.
6. 창조적 대안 없이 지역의 미래 없다.
7. 겸손한 시장 싫어하는 사람 없다.
8. 지방의회와 시민단체는 시장의 동반자다.
9. 주민참여가 지역발전의 원동력이다.
10. 재선 생각을 버리면 재선 그 너머가 보인다.

시장실에 찾아온 사람은 시장과 계속 눈을 맞추고 있기가 어색할 수밖에 없다. 당연히 주변으로 이리저리 시선을 돌리게 되는데 그때 내

하나,
청렴하면 탈이 없다.

둘,
좋은 인재를 구하는 것이 성공의 지름길이다.

셋,
시장이 공부하는 만큼 지역은 발전한다.

넷,
잘 설계된 시정 밑그림, 10년을 좌우한다.

다섯,
선택과 집중이 리더십의 핵심이다.

여섯,
창조적 대안 없이 지역의 미래 없다.

일곱,
겸손한 시장 싫어하는 사람 없다.

여덟,
지방의회와 시민단체는 시장의 동반자다.

아홉,
주민참여가 지역발전의 원동력이다.

열,
재선 생각을 버리면 재선 그 너머가 보인다.

순천시장 노관규

방객의 눈에 가장 먼저 띄는 것이 〈시장십계명〉이다. 그것도 첫 번째 계명에 나오는 '청렴하면 탈이 없다.'는 문구를 보는 순간 부탁을 하려고 왔던 방문객들은 사적인 부탁은 아예 꺼내지도 않고 그대로 돌아가는 경우도 있다.

내게는 마음을 정리해 주는 효과가 있지만 오신 분들이 청탁을 하지 않도록 해주니 일석이조의 효과를 톡톡히 보고 있는 것이다. 사실 자치단체뿐만 아니라 민주주의의 가장 큰 적은 부패다. 기회의 균등을 왜곡시키는 부패는 민주주의 사회에서는 공정한 룰을 가로막는 암적인 존재라 할 수 있다.

실제로 순천시만 해도 전임 시장 세 명이 모두 부패로 사법처리가 됐고, 두 사람은 구속이 되어 긴 시간 수감생활을 했다. 이러다 보니 순천시장은 그동안 시민의 마음을 하나로 모으는 중요한 역할을 하지 못했다.

두 번째 계명을 '좋은 인재를 구하는 것이 성공의 지름길'이라고 정한 것은 좋은 인재를 구하면 성공이 더 빨리 이루어지며, 그러면 인사 청탁 등으로 인한 폐해도 줄일 수 있기 때문이다. 좋은 인재는 능력도 뛰어나야 하지만 다른 사람을 잘 배려하고 문제를 함께 풀어나가는 유연한 사고를 가져야 한다. 순천을 위해 많은 일을 하고픈 나로서는 내가 하고 싶은 일들을 도와줄 인재를 발굴하는 것이 우선일 수밖에 없다.

세 번째 계명은 '시장이 공부한 만큼 지역이 발전한다.'는 것이다. 지금까지 나는 언제나 스스로 부족하다는 생각을 하며 살아왔다. 시민들의 삶이 다양한 만큼 시장이 해야 할 일도 많다. 그런데 시장의 공부가 부족하면 잘못된 결정을 내리게 되고 그러면 피해는 고스란히 시민들에게 돌아가는 폐단이 발생한다.

네 번째 계명은 '잘 설계된 시정 밑그림이 10년을 좌우한다.'이다. 무슨 일을 하든 바탕이 든든해야 한다. 집을 지어본 사람은 기초가 얼마나 중요한지 잘 안다. 시정도 한 번 잘못 판단해서 그릇된 방향으로 가면 이를 되돌리는 데 몇 배의 노력과 시간이 소요된다.

내가 꿈꾸는 것은 모든 순천시민들이 사람답게 사는 도시를 건설하는 것이다. 특히 중산층 이하 가난한 사람들이 잘살고 문화가 살아 숨쉬는 도시를 만드는 것이다. 이런 도시를 만든다면 순천은 십년이 아니라 백년 뒤에도 경쟁력 있는 도시로 남을 수 있다.

다섯 번째 계명은 '선택과 집중이 리더십의 핵심'이라고 했다. 조직이 커지면 업무도 다양해지고 추진해야 할 사항도 많아진다. 어떤 조직이든 힘의 한계는 있게 마련이다. 힘을 효율적으로 활용하려면 선택을 잘해야 하고 또한 선택한 것은 집중을 해서 원하는 방향으로 결과를 도출하는 것이 중요하다.

여섯 번째는 '창조적 대안 없이 지역의 미래가 없다.'이다. 시장은 임기가 끝나면 물러나지만 순천시의 한 번 마련된 성장 동력은 끊임없이 순천시를 살찌우게 된다. 나는 임기 안에 대안을 마련하고 싶었다. 성과에 앞서 밑바탕이라도 깔고 싶었다. 그러기 위해서는 순천 고유의 미래 산업을 발굴하여 이를 특화시켜야 한다. 그래야 순천시의 미래를 열어갈 수 있다.

일곱 번째 계명은 '겸손한 시장 싫어하는 사람 없다.'다. 벼는 익을수록 고개를 숙인다. 낮은 자세로 시민의 소리에 귀를 기울여야 시민과의 소통도 가능하고 시정에 대한 지지도 기대할 수 있다. 시민에게 고개를 숙이고 감사하며 시정을 이끄는 것이 시민에게서 받은 은혜를 만분의 일이라도 갚는 길이라 생각하며 이를 되새기고 또 되새겼다. 잘난 척 하는 사람에게는 아무도 도움을 주려 하지 않는다. 순천시민들의 도움이 적극적으로 필요한 자리에 있으려면 더 낮은 자세로 임해야만 한다.

여덟 번째 계명은 '지방의회와 시민단체는 시장의 동반자이다.'로 정했다. 순천시에 있는 기관과 단체들은 시장과 시정의 반대자들이 아니라 함께 가는 동반자들이다. 그러므로 겸허한 마음으로 그들로부터 들을 말은 듣고 설득할 일은 정성을 다해 설득하려 했다. 그러나 매우 어려운 일이라는 사실을 깊이 느끼고 있다.

아홉 번째는 '주민참여가 지역발전의 원동력이다.'로 정했다. 시정은 공무원뿐만 아니라 시민들과 함께 할 때 진정한 성과를 거둘 수 있다. 그러려면 시민의 마음을 끌어내는 일이 더없이 중요하다. 아무리 멋진 순천을 건설하려고 해도 시민들의 참여와 지지가 없으면 힘들다. 시민의 참여를 이끌어내려면 직접 대화하고 설득하는 일에 시장이 나서야 했다. 그곳이 어디건 비가 오나 눈이 오나 찾아가서 무릎을 맞대고 대화를 나눠야 했다. 정책도 시민이 참여할 수 있는 것을 발굴하여 시민과 함께 순천을 아름다운 도시로 변화시키려고 했다.

마지막 열 번째 계명은 '재선할 생각을 버리면 재선 그 너머가 보인다.'이다. 재선만을 염두에 두고 시정을 운영하다보면 시장은 각종 이

'대한민국 생태수도 순천'은 전국에서 가장 살고 싶고, 와보고 싶은 도시를 만들자는 것이다.

득을 바라는 이들로부터 자유롭지 못하게 된다. 그러면 어떤 사업도 리더십을 갖고 추진하기가 어렵다. 그러나 순천시민들이 베푼 은혜를 갚으려면 뒷일은 잊고 오로지 순천시와 순천시민만을 바라보며 시정을 이끄는 것이 옳다고 생각했다.

순천시장실에 걸린 〈시장십계명〉은 나 혼자만 지켜야 할 계명은 아니다. 이는 전국의 지방자치단체장들 모두가 지켜야 할 계명임에 틀림이 없을 것이다.

'희망순천 2020', 순천을 대한민국 생태수도로

시장에 취임한 이후 〈시장십계명〉을 토대로 외부 압력과 청탁을 일체 배제하며 오직 법과 원칙으로 시정을 펼쳐나가겠다는 의지를 밝히자 산하 공무원들도 나의 뜻에 동참했다. 공무원들은 모든 분야에서 앞장서서 동참하고 시민을 이끌어 나가야 함에도 대부분은 정책 집행만 하고 마치 임무를 다한 것으로 생각하는 경향이 있다. 이런 소극적 자세로는 순천의 밝은 미래를 열 수 없다.

나는 순천이 발전하려면 공무원이 끊임없이 자기계발을 하고 다른 사람의 의견을 들으며 진정한 창조적 리더가 되어야 한다는 점을 누누이 강조했다. 이런 과정에서 순천시 공무원들과 뜻을 합쳐 시가 나아갈 방향과 지표를 잡은 것이 '희망순천 2020'이다.

"항상 옳은 일을 해라. 그러면 일부 사람들은 감시할 것이나 나머지 사람들은 놀랄 것이다."

나는 내 뜻을 따라주는 공무원들에게 트루먼 미 대통령의 말을 들려주며 용기를 불어넣었다. 그리고 인사만큼은 공정하게 하겠다는 약속에 따라 인사고충과 애로사항, 건의사항 등을 모으는 '정다운 소리함'을 설치하여 공정한 인사를 펴기 위해 노력했다. 그리고 열정과 자부심을 갖고 일할 수 있도록 공무원들을 뒷바라지했다.

그 결과 순천시는 2008년 국민권익위원회의 청렴도 측정에서 전남 전체 지자체 중 1위, 전국 2위를 차지했고, 2009년에는 전국 5위의 성과를 거뒀다. '희망순천 2020'의 핵심 내용은 주민소득 4만 달러의 시민이 누릴 수 있는 도시 여건을 갖추기 위해 순천을 대한민국의 생태수도로 만들자는 것이다.

공교롭게도 나의 계획은 정부가 추진하는 녹색성장과 방향을 같이하는 것인데 정부보다 순천시가 1년 앞서 먼저 추진한 것이다. 이처럼 정부 정책을 선도한 덕분에 순천은 전국 지자체의 모범이 되면서 각종 녹색성장 관련 중앙정부의 지원 등 혜택도 많이 받았다.

'희망순천 2020'은 순천시가 지닌 역사적 문화적 생태적 자원과 복지, 교육, 경제, 관광 등 모든 분야를 생태적으로 특성화하여 도시 발전의 성장 동력으로 삼자는 것이다. 나는 평소 꿈꾸어오던 도시 환경을 만들기 위해 숨은 진주와 같았던 순천만을 눈여겨보기 시작했다.

세계 5대 연안습지 중의 하나, 순천만

순천만은 지구상에서 가장 잘 보존된 세계 5대 연안습지 중 하나다.

순천만은 지구상에서 가장 잘 보존된 세계 5대 연안습지 중 하나다.

그러나 순천만은 사람의 발길이 끊긴 채 갈대만 무성한 습지여서 그 가치를 제대로 파악하는 사람들이 거의 없었다.

'인공적인 개발보다 자연 그대로 보존된 생태도시 순천만의 이미지를 전국에 알리자.'

노을을 찍으려는 사진 애호가나 연인들의 데이트 장소 정도에 불과했던 습지를 활용하여 사업을 추진하겠다고 하자 반발 여론도 만만치 않았다. '먹고 살 길을 고민해야 할 시점에 무슨 뚱딴지같은 소리냐?'는 비난 여론도 있었으나 포기하지 않은 채 '신념을 갖고 추진하자.'고 공무원들을 설득했다.

나는 일을 제대로 하고 싶었다. 생태 보존을 천명했으면 그에 걸맞게 주변 환경부터 가꿔야 했다. 그래서 오염물을 배출하는 무허가 식당 등 생태환경을 저해하는 주변 시설물들은 하나하나 이전을 시켰다. 천연기념물인 흑두루미와 철새들이 마음껏 쉬고 날 수 있도록 인근 주민들과 상의하여 전봇대도 모두 뽑아냈다. 순천만을 새들에게 고스란히 바친 것이다.

그러고는 자연과 인간이 조화를 이룰 수 있도록 순천만의 갈대밭 사이로 이어지는 나뭇길을 환경 친화적으로 설치했다. 그러자 순천만을 찾는 관광객들도 이 길을 걸으며 갈대숲에 스치는 바람과 바다, 갯벌 사이로 숨 쉬는 조개와 짱뚱어, 순천만 너머로 아름답게 번지는 저녁 노을과 떼 지어 날아오르는 철새들을 보면서 자연이 주는 아름다움을 만끽할 수 있게 됐다.

순천만이 이처럼 보존에 목표를 둔 것에 반해 순천시내 중심을 가로 지르는 동천은 적극적인 개발을 거쳐 자연친화적인 공간으로 꾸몄다. 시내 곳곳에 봉긋봉긋 솟아있는 산에는 400만 그루의 나무를 심어 공원을 조성하였다.

2006년에는 '세계 지속가능한 도시연합 네트워크'에 가입하였고, 전국 최초로 환경부와 저탄소 녹색성장에 관한 양해각서를 체결하였으며, 이를 계기로 국제환경기구 한국위원회에도 가입하였다. 그러자 행정안전부에서도 순천을 지목하여 세계적인 환경수도 독일 프라이부르크시와 양해각서 체결을 통해 기후변화에 대응하고 녹색성장의 상생협혁을 다지게 하여 세계적인 생태수도로 도약하게끔 도와주었다.

이렇듯 순천만을 보존하려는 시의 노력과 함께 순천만의 생태적 가치가 언론을 통해 서서히 알려지기 시작하면서 기적이 일어나기 시작했다. 2006년 시장에 취임할 당시 순천을 찾는 관광객이 연간 10만 명에 불과했었는데 2009년에는 무려 300만 명으로 늘어난 것이다. 덕분에 순천만은 대한민국을 대표하는 생태관광지가 되었고, 더불어 순천시는 녹색성장의 거점 축으로 성장할 수 있는 기반을 구축하였다.

순천이 '대한민국 생태수도 순천'이라는 전략 목표를 달성하려면 이러한 목표를 이룰 수 있도록 모든 분야들의 수준이 올라가야 한다. 지역사회의 기본적인 인프라라 할 수 있는 교육과 문화, 교통, 복지, 소득이 어느 정도 수준에 오르면 다른 분야도 자연스레 함께 발전되게 된다. 단체장을 하면서 어려운 것은 이런 것들을 한꺼번에 발전시키기가 힘들다는 것이다. 특히 재원 조달과 시간, 인력에 한계를 느낄 때가 참 많다.

생태문제도 단순하게 환경만 보존하는 게 아니라 다양한 부분에서 고민하고 기준을 세운 뒤 이끌어나가야 한다. 습지센터 하나 세운다고 생태도시가 되는 것은 아니다. '대한민국 생태수도 순천'의 기초를 다지는 작업은 나의 몫이다.

이후에는 보다 안목이 있는 시장이 나와서 이를 바탕으로 시민들과 함께 해나가야 할 것이다. '대한민국 생태수도 순천'을 만드는 일은 50년이 걸릴 수도 있고 100년이 걸릴 수도 있으며, 빠르면 10년 안에 끝날 수도 있다. 중요한 것은 누군가가 분명히 해야 할 사업이라는 것이다.

순천만 국제정원박람회

우리나라 도시들을 보면 너무 획일적이다. 슬럼화된 구시가지와 아파트로 빌딩숲을 이룬 신시가지가 극명한 대조를 이룬다. 공원도 거의 없다. 그러니 가족들과 나가도 갈 곳이 별로 없다.

그런데 일본과 유럽은 상당히 다르다. 도시를 새로 만들거나 변화를 주게 되어도 인간이 높은 질의 삶을 누릴 수 있도록 공간을 만들려고 하기 때문에 도심 공간을 어떻게 활용할 것인가를 철저하게 고민한다.

사람들은 '박람회'라고 하면 흔히 산업박람회를 떠올린다. 예전에 대전엑스포, 여수엑스포가 준 이미지 때문인지도 모른다. 그런데 세계적 흐름은 이미 산업박람회를 넘어섰다.

중국에서도 최근 열풍이 불고 있는 것은 정원박람회다. 우리는 지금까지 먹고 살기에 바빠 사람이 어떻게 살아야 되는지에 대한 고민은

별로 하지 않았다. '지구의 정원, 순천만Garden of the Earth'을 주제로 오는 2013년 4월 20일부터 10월 20일까지 6개월간 열릴 순천만 국제정원박람회는 우리 시대의 모든 화훼와 조경, 그리고 공원기술을 모두 모아서 합작품을 만드는 것이다.

처음 6개월은 각종 꽃과 나무를 이용해서 인간이 만들어낼 수 있는 가장 조화로운 모습을 가꾸게 될 것이다. 이 기간이 끝나면 박람회 공간은 그 지역에 살고 있는 사람들에게 가장 좋은 공간을 제공하면서 시간이 갈수록 더욱 멋진 공간으로 바뀌게 될 것이다.

이미 초등학교 사회교과서에 등재될 정도로 유명해진 정원박람회는 우리나라에서는 최초로 순천에서 열리기 때문에 모든 전문가들과 관련자, 그리고 대한민국의 자치단체들이 주목하고 있다. 정원박람회장과 순천만은 6km 정도 떨어져 있다.

정원박람회장을 보러온 사람들은 PRTPersonal Rapid Transit라는 최초의 무인 교통 제어 시스템으로 운행되는 전기 차량을 이용하게 된다. 우리말로 '개인형 고속 전철' 혹은 '무인 고속 택시'라 불린다. 초소형 차량과 경량 레일 궤도로 구성된 새로운 궤도 택시를 이용하여 순천만으로 진입하게 된다. 그러고는 이내 인간이 만든 정원과 순천만을 보면서 자연의 위대함을 맛보게 될 것이다.

정원박람회가 열리고 나면 순천시는 한방 약초 등을 활용한 뷰티와 한방산업의 메카로 자리잡게 되고, 어린이와 청소년들의 생태체험 교육의 중심 도시가 될 것이다.

아울러 순천은 PRT와 자전거 등 친환경 교통수단의 선진화 시범도

2013년 열리는 순천만 국제정원박람회의 조감도

시가 되면서 모든 세대가 함께 즐길 수 있는 세계 최고의 생태 정원을 보유하게 되고, 이로 인해 국내외 관광객들이 몰려오는 활력 넘치는 도시로 탈바꿈하게 된다.

그렇게 되면 순천시는 자연스럽게 관광산업과 서비스 산업의 발전으로 지역경제가 활성화되고, 녹색성장 선도 도시가 되어 전남 동부권의 생활 중심지로서의 위상을 강화하게 될 것이다.

또 정원박람회가 끝나면 순천시는 순천만과 어우러져서 1급수가 흐르는 동천과 함께 세계 최고의 생태 정원을 보유하게 되어 유럽 일본 지역의 세계적인 명품도시와 경쟁하며 세계에 자랑할 수 있는 대한민국의 명품도시가 될 것이다. 순천시는 2010년 11월 8일 미국 시카고에서 열린 '2010 리브컴 어워즈'에서 미국 마이애미비치에 이어 세계에서 두 번째로 가장 살기 좋은 도시로 선정되었다. '리브컴 어워즈LivCom Awards'는 지구환경보호에 기여하고 살기 좋은 지역사회를 건설한 도시를 선정하기 위해 유엔환경계획이 1997년 만든 세계 최고의 권위 있는 상인데 순천시는 세계 5대 연안습지 순천만을 보전하고 복원해 자연친화적인 도시를 만들고, '2013 순천만 국제정원박람회'를 유치했다는 점에서 높은 평가를 받았다고 할 수 있다.

순천 정원박람회 그 이후

순천만과 정원박람회를 연관시키면서 주목해야 할 것이 관광산업이다. 관광산업은 지역의 문화를 관람하고 난 이후의 시간들을 잘 활용

순천시는 2010년 11월 8일 미국 시카고에서 열린 '2010 리브컴 어워즈'에서
미국 마이애미비치에 이어 세계에서 두 번째로 가장 살기 좋은 도시로 선정되었다.

하는 것이다. 우리나라 사람들도 외국에 가면 관광은 서너 시간 정도 하고 지역의 문화를 돌아본 뒤 나머지는 쇼핑을 하고 음식을 맛보는 일정들이 주류를 이루게 된다.

이와 관련하여 순천이 주목하고 있는 산업은 한방과 뷰티산업들이다. 예로부터 전남지역에서는 '순천에서는 인물 자랑하지 말고, 여수에서는 돈 자랑하지 말고, 벌교에서는 주먹 자랑을 하지 말라.'는 말이 전해져 내려온다. 그 정도로 순천은 사람들이 인물이 좋고, 미남과 미녀들이 많은 지역이다.

이는 순천이 예로부터 물산이 풍부하고 기후가 온화하기 때문인데, 좋은 환경에서 생활하는 사람들은 인물이 좋을 수밖에 없다. 그래서 인물 자랑하지 말라는 순천에서 관광객들이 머물다 간다면 더 예뻐지게 해서 보내드리겠다는 것이 뷰티산업의 출발이다.

순천에는 역사가 아주 오래된 간호전문대학을 비롯해 대학이 네 개나 있다. 이런 재원들을 활용해서 정원박람회 후속으로 한방과 뷰티산업을 주목해서 준비하고 있다.

아울러 우리나라 사람들은 순천만의 가치를 '순천만' 하나로 알고 있으나 세계적으로 습지의 중요성은 날로 높아지고 있다. 습지는 내륙습지와 연안습지가 있다. 순천만은 연안습지다. 그런데 순천만처럼 온전한 모습으로 남아있는 연안습지는 세계에서 다섯 곳뿐이다. 그 가운데서 가장 온전한 모습으로 남아있는 곳이 바로 순천만이다.

독일과 덴마크, 네덜란드에 있는 와덴해변Wadden海邊도 연안습지다. 그런데 이들은 넓기만 할 뿐 순천만처럼 종합으로 구성된 자연의 위대

함은 느낄 수 없다. 그러나 순천만에는 산이 있고 강이 있고 너른 갯벌이 있고 갈대가 있고 동시에 사람이 어울리는 농경지가 세계에서 유일하게 남아 있다.

바닷물과 민물이 만나는 기수구역도 순천만이 유일하다. 내가 시장이 되기 전까지만 해도 순천만에는 무허가 음식점들이 즐비했었다. 주변은 엄청 지저분했지만 환경운동가들도 순천만의 중요성을 알아채지 못했다.

순천을 Only City의 개념으로 봤을 때 순천만은 세계에서 유일하게 남아있는 온전한 연안습지다. 미래의 도시는 두 가지 가치로 형성된다. 하나는 '생태'이고 다른 하나는 '문화'다. 그런데 생태와 환경을 구분 짓는 이유는 환경은 공해와 대립되는 개념이기 때문이다.

반면 어머니의 태가 가장 안전하듯 생태는 말 그대로 인간이 사람답게 살기 위한 가장 최적의 조건이다. 그러므로 미래의 도시는 생태와 문화 두 축으로 유지될 수밖에 없다.

그래서 나는 모든 광고를 순천만에 맞춰서 집중적으로 홍보했다. 그러면 순천의 이미지도 짧은 시간 내에 그렇게 바뀔 것으로 생각했다. 그런데 이게 맞아떨어졌다. 대한민국 정부가 녹색성장을 강조하기 전부터 이것을 추진해 왔던 터라 훨씬 빠르게 주목받게 된 것이다.

생태지역으로 유명한 곳이 우리나라에 세 군데 있다. 비무장지대 DMZ, 우포늪, 순천만이다. 순천만은 세계적으로 보존해야 할 자연유산이자 살아있는 바다요, 숨 쉬는 연안이기도 하다. 과거에는 10만 명에 불과하던 관광객이 300만 명이 넘게 찾아오면서 지역경제에도 1,000억

2007년 9월에 시작한 '행복 24시 정겨운 순천사람들'은
매일 이동진료차량 2대를 이용하여 오지를 방문하여 고립된 노인들을 보살펴드리고 있다.

이상의 경제유발 효과를 올리고 있다. 순천에서 괜찮다는 숙박시설, 음식점 등은 사전에 예약을 하지 않으면 사용하지 못할 만큼 관광객들이 몰려오고 있다.

행복 24시 정겨운 순천사람들

단체장과 공무원은 비전은 공유할 수 있어도 지향하는 점은 각기 다를 수 있다. 예를 들어 공무원들은 효율을 중시하는 집단이어서 예산을 투입하면 당장 그에 합당한 효과가 나타나길 바란다. 반면 선거로 당선된 단체장은 정책의 효율보다 시민들의 민주성을 더 중요하게 생각한다. 때문에 지역 발전은 효율과 민주성 사이에서 균형을 잘 잡아주는 것이 중요하다.

순천시는 도농복합지역이어서 농촌지역이 많다. 과거에는 20여 가구가 살던 동네도 자식들을 모두 키워서 도시로 하나 둘 내보내다보니 이제는 노인들만 남아 있다. 심지어 어느 마을에는 노인 한 분만 살고 있는 곳도 있다.

기업의 CEO라면 도시에 양로시설을 짓고 이들을 그곳에 모셔야 경제적이라고 생각한다. 아무리 농촌의 복지정책이 중요하다고 해도 모든 마을마다 빠짐없이 시설을 개선하는 건 현실에 맞지 않기 때문이다. 그러나 단체장의 생각은 다르다. 노인들에게 시골은 삶이 녹아 있는 터전이자 고향이다. 그러므로 이 한 분을 위해서라도 수도시설, 전기, 심지어 도로도 보살펴드려야 한다. 그래야 그 동네를 폐허로 버려

두지 않고 사람들이 다시 찾아와 앞으로도 장기적으로 볼 때 발전하는 마을이 되도록 가능성을 열어 두게 할 수 있기 때문이다.

외딴 지역에 사는 노인들은 이동수단이 별로 없다. '행복 24시 정겨운 순천사람들' 사업은 순천시가 의료, 생활, 복지를 통합서비스 형태로 운영하고 있는 전국 최초의 통합서비스 복지지원 사업으로, 교통이 불편하거나 경제적 어려움으로 의료나 복지혜택을 받기 어려운 시민들을 민관이 현장에 찾아가서 자원봉사자와 함께 의료와 복지 서비스를 원 스톱One stop 형태로 제공하고 있다.

2007년 9월에 시작한 '행복 24시 정겨운 순천사람들'은 매일 이동진료차량 2대를 이용하여 오지를 방문하여 의사, 간호사, 기술자 등 종합적인 서비스를 할 수 있는 전문 인력을 통해 지리적으로 고립된 노인들을 보살펴드리고 있다. 노인들은 무엇보다도 이들과 대화하기를 가장 좋아한다.

전국 최초로 순천에서 시작된 '행복 24시 정겨운 순천사람들'은 처음에는 큰 리무진 차량으로 하다 보니 몇 몇 작은 마을에는 차가 들어갈 수 없었다. 지금은 작은 차를 마련해 나머지 마을에도 서비스를 제공하자 지역 공동체가 되살아나고 있다.

'행복 24시 정겨운 순천사람들' 사업은 의료적 치료뿐만 아니라 요양과 간병 등 방문보건과 정신건강을 더 중요시하며, 서민과 소외계층에 의료와 기초생활에 필요한 약품을 제공하는 등 이들의 삶의 질을 향상시키는 데에 더 중점을 두고 있다.

또한 이·미용과 전기수리 등 생활 서비스를 무료로 제공하여 농촌 노인들의 경제적 부담을 덜어주고 있으며, 방문 진료와 차별화된 이동 물리치료와 한방진료, 치매 등 정신건강 상담으로 시민 만족도를 높이고 있고, 한의사협회와 간호대학 등 지역사회 봉사단체들을 활용함으로써 예산 절약 및 자원봉사의 활성화에도 기여하고 있다.

'행복 24시 정겨운 순천사람들' 사업의 운영이 한방, 병원 등 동종 서비스를 직업으로 하는 민간 병의원 기관에는 부담스러울 수 있다. 그러나 이 제도는 노인들에게 중요한 소통의 도구로 작용하고 있고, 이들을 소외로부터 해방시켜주고 있는 정겨운 제도이다.

나는 중앙정부가 복지정책을 새로 수립할 때 '행복 24시 정겨운 순천사람들' 사업이 좋은 성공사례가 되길 희망한다.

도서관의 도시, 순천

순천시는 전국에서 첫 번째로 기적의 도서관이 만들어진 곳이다. 순천시는 아파트와 마을에서 걸어서 10분 이내의 거리 곳곳에 작은 도서관이 있다. 한옥으로 만들어진 한옥글방 도서관이 있는 순천시는 도서관의 천국으로 도서관이 있어 행복한 도시다.

순천은 평생학습 환경이 아주 잘 갖추어져 있는 도시다. 순천시에는 도서관 운영과가 따로 있다. 평생학습 전국모델도시는 순천의 자랑거리다. 도서관은 평생학습을 하는 곳인데 순천에는 작은 도서관이 42곳, 큰 규모의 통합 도서관도 4곳이나 생겼다. 그야말로 도서관의 도시라고 할 수 있다.

흔히 사람들은 도서관을 독서실로만 생각한다. 그러나 도서관은 세 가지 기능을 한다. 첫째는 지방자치 기능이다. 동네 아파트에 있는 작은 도서관에는 아파트관리실처럼 많은 사람들이 모여서 토론을 한다. 둘째는 평생학습 기능이다. 도서관에서는 취미활동도 하고 원어민이 가르치는 영어강좌도 들을 수 있다. 셋째는 도서관 본연의 기능이다. 공원들이 잘 조성되어 있지 않은 아파트에 사는 사람들은 가족을 데리고 갈 마땅한 곳이 없다. 이때 도서관이 있으면 가족들은 이곳에서 누워 책을 보기도 하면서 가족의 중요한 휴식과 교양의 소통 공간으로 활용하게 된다.

따라서 작은 도서관들은 단순하게 독서실 기능 외에 주민자치, 평생학습과 같은 세 가지 기능을 하게 되는 것이다. 지방자치대전을 하면 순천이 항상 최우수상을 받는 것도 바로 평생학습 전국모델도시로서의 기능을 갖췄기 때문이다.

순천의 목표는 걸어서 10분 이내에 도서관을 만나게 하자는 것이다. 순천에는 한옥도서관을 비롯하여 다양한 형태의 도서관들이 있고, 이것보다 더 큰 거점 도서관도 있다. 순천의 다음 목표는 모든 도서관과 학교를 연결하는 통합 도서관을 운영하는 것이다.

2009년 11월에 개관한 '고맙습니다 풍덕 글마루 작은 도서관'은 민관이 함께 하는 도서관 모델로 새로운 도서관 문화의 선도 역할을 할 것으로 기대되고 있다. 이 사업은 2007년 11월 전남 신안군 증도에서 시작돼 지금까지 20여 개의 작은 도서관을 리모델링해왔으나 순천시에서는 전국에서 처음으로 KB 국민은행 직원들이 소중하게 모은 후원금

3억 원으로 도서관이 없는 풍덕동에 새로이 도서관을 건립하였다.

순천에 오면 작은 도서관에서부터 규모 있는 공공도서관까지 다양한 형태의 도서관과 운영 모델을 볼 수 있다. 또한 도서관 구석구석에 스며 있는 250여 명의 자원봉사자들의 숨은 손길로 인해 더욱 빛을 발하는 특별함이 있다.

또 2010년 3월과 4월에 저탄소 녹생성장의 생태수도를 지향하는 생태·환경도서관인 조례호수도서관과, 해룡농어촌도서관이 개관하여 운영 중이며, 석현동 군부대 자리의 복합문화건강센터에 건립 중인 통합도서관은 2011년 8월 개관을 앞두고 있다.

순천시가 미래를 대비하려면 시민 모두가 책을 가까이 해야 한다. 시민의 풍부한 지식과 감성은 순천의 미래를 풍요롭게 하는 자양분이 되어줄 것이다.

리더십보다 더 중요한 팔로워십

우리나라의 사회갈등지수는 매우 높은 편이다. 이는 사회가 갑작스럽게 성장하면서 사회구성원들에게 이겨야 한다는 생각만을 계속 주입시켰기 때문이다. 그래서 서로를 보살피고 상대를 인정해주고 모시는 미덕이 부족하다. 학교에서도 대부분이 반장만 하려고 든다. 반원이 없는 반장은 있을 수 없다. 심지어 팔로워십Followership 강연을 들으려고 팔로워십 강사를 섭외했더니 우리나라에 단 세 명밖에 없었다. 모두들 남 앞에 나서는 것에만 익숙해 있지 비전을 제시하는 사람들과 함께

순천시는 시민들의 눈높이 행정과 2013순천만국제정원박람회 성공 개최를 위해
'창조적인 팔로워십으로 새로운 조직문화 형성'이라는 주제로 팔로워십 교육을 대대적으로 실시했다.

꿈을 실현해 나가는 팔로워들에 대해서는 배려를 하지 않고 있다.

이는 우리 사회에 그만큼 독선과 오만이 너무 많고 갈등이 심하다는 뜻이다. 자기 멋대로 말하고 행동하는 것이 사회 전체에 만연해 있기 때문이다. 시장은 공무원들에게는 리더지만 시민들에게는 시민들을 모셔야 하는 팔로워다. 국장은 자기 국에서는 리더지만 시민과 시장에게는 팔로워가 된다. 그래서 시장의 비전을 함께 실행해 나가려는 마음자세를 갖는 것이 중요하다. 시민도 마찬가지다. 자기 목소리만 내기보다는 비전을 가진 시장을 선출해서 그를 통해서 함께 지역 발전을 이루려고 해야 한다.

리더십과 팔로워십은 동등한 가치가 있다. 마치 축구에서 공격수와 수비수가 같고 야구에서 포수와 투수가 같은 것과 같은 이치이다. 공격수만 양성하면 수비수가 약해 16강에 진입한다고 해도 8강에서는 떨어지고야 만다. 그래서 이제는 팔로워십에 대해서도 주목할 때가 됐다는 것이다. 팔로워들이 해야 할 첫째 과제는 헌신하는 것이다. 이는 개인에 대한 헌신이 아니라 비전에 대한 헌신이다. 그래서 비전을 잘 가꾸어나가는 것이 중요하다.

두 번째는 독립성과 능력을 갖춰야 한다. 예를 들어 선장인 리더가 기계실에 있는 사람에게 '네가 이것을 조작해야 되지 않겠어?'라고 했는데 '나는 그 기계를 조작할 줄 모릅니다.'라고 했다면 이는 의미가 없어져 버린다.

시민도 마찬가지다. 시민이 중요한 것은 자기 목소리만 내는 것이 아니라 일정한 역할을 해주어야 하는 것이다. 결국은 각자의 분야에서 자기 기능을 발휘할 수 있도록 일정한 교양과 실력을 갖추는 게 팔로워들의 역할이라고 할 수 있다.

셋째는 용기이다. 리더가 제시한 비전을 잘 추진해 나갈 때에는 열심히 응원하고 도와주지만 잘못된 길로 갈 때에는 '아니오!'라고 분명히 목소리를 낼 수 있어야 한다. 이것이 순천시가 민선 5기를 맞아 시정운영의 바탕으로 삼고 가야 할 기본 철학이기도 하다.

공무원들은 사실상 팔로워 역할이 더 중요한데 교육은 전부 리더십 교육만 받고 있다. 순천시는 얼마 전 팀장, 계장 이상 360명 이상이 토론을 하며 팔로워십을 공부한 뒤 지역 행사의 의전부터 완전히 바꾸기로 결정했다.

먼저 시가 주관하는 행사부터 시장 자리를 없애고 가장 먼저 오는 순서대로 앞자리에 앉도록 한 것이다. 시장도 행사장에 빨리 오면 앞자리에 앉고 늦게 오면 뒷자리에 앉는다. 내빈 소개도 생략했다. 구성원 모두 리더와 팔로워 역할을 겸하고 있다는 생각에서다.

축사도 그 자리에서 꼭 필요한 사람만 한다. 말로만 섬길 것이 아니라 이제는 이런 것부터 하나씩 바꿔나가야 한다. 서로의 가치를 존중하면서 잘하면 도와주고 아니면 과감하게 정리해서 새롭게 비전을 만들면서 전체의 모양과 틀을 다져나가야 한다.

우리 사회는 다 내가 옳다고 얘기하는 리더들만 설치는 사회가 아니다. 말없는 다수의 팔로워들이 더 대접을 받고 그들과 어떻게 소통하고 어떻게 같이 가야 하는지가 더 중요한 사회가 되었다고 본다.

꽃은 봄에도 피고, 여름에도 피고,
가을에도 피고, 겨울에도 핀다

나는 가정 형편상 대학에 다니지 못했다. 인생도 편하게 풀려본 적이 별로 없다. 국회의원도 두 번이나 떨어졌다. 배경이 없고 학벌이 없고 내세울 게 없으면 갈수록 적응하기 힘든 세상이다. 그러다보니 개천에서는 더 이상 용이 나기 어려운 사회로 점차 변해가고 있다.

그러나 사회는 그렇게 되어서는 안 된다고 생각한다. 나는 청소년 강연을 자주 나가는 편이다. 자기의 꿈을 시도조차 해보지 않고 중간에 주저앉는 청소년들이 많아지는 안타까운 현실 때문이다. 나의 인생이 모범적인 사례는 아닐지라도 나 같은 사람도 있다는 것을 보여주고 싶었다.

어려운 환경도 그럭저럭 잘 극복한 나의 살아가는 모습도 비슷한 처지에 있는 사람들에게 용기를 줄 수 있다고 생각된다. 나는 어려운 분들을 만나면 항시 꽃 얘기부터 한다.

꽃 중에는 봄에 피는 꽃이 있고, 여름에 피는 꽃이 있고, 가을에 피는 꽃과 겨울에 피는 꽃이 있다. 진달래와 철쭉은 봄에 피지만 국화는 가을에 핀다. 나는 인생도 이와 같다고 생각한다. 그래서 가을에 피는 국화가 봄에 피려고 해서는 안 되듯 다른 사람이 꽃을 피웠는데 나는 여전히 꽃을 피우지 못했다고 해서 좌절하면서 주저앉지 말라는 것이다.

오히려 나는 가을에 피는 꽃이니까 봄에 피는 철쭉과 진달래가 부러워보기이기도 하겠지만 즐기면서 보되 가을에 꽃을 피우기 위해 더 노력하는 것이 중요하다. 그런데 희망을 놓고 그대로 주저앉아 버린다면 가을에도 꽃을 피우지 못하게 된다.

나는 고등학교밖에 못나왔지만 사법고시를 우수한 성적으로 합격했다. 사법연수원에 가서 놀란 것이 있다. 내가 학교에 다닐 때에는 공부를 제일 잘한 사람들이 몰려가는 곳이 일류대학의 법대였다. 그래서 사법연수원에 가면 다 그런 사람들만 있고 나 같은 사람들은 어쩌다 한 명 정도 있으리라 생각했다.

그런데 그게 아니었다. 고시합격생 수기를 읽어도 초등학교도 안 나온 사람, 초등학교만 나온 사람, 중학교 밖에 안 나온 사람 등 무수한 난관을 뚫고 우뚝 선 사람들의 파노라마와 같은 사례들이 수없이 많은 것을 보아왔다.

그래서 내 강의를 듣는 청소년들에게 절대로 포기하지 말라고 강조한다. 쉽게 주저앉고 자신을 하찮게 여기면서 함부로 살면 그렇게 산 인생이 자기에서 끝나는 게 아니고 2세에게까지 물려지는 악순환이 반복된다고 강조한다.

단체장은 지역 발전을 도모하는 것으로 임무가 모두 끝나는 것은 아니다. 때로는 단체장의 삶을 통해 지역민들에게 꿈과 희망과 용기를 심어주는 것도 중요하다고 본다. 나는 시장을 맡는 동안 시민들에게 용기를 주고 싶었다. 삶의 무게에 지친 시민들이 문득 나를 바라보다가 '그래 저렇게 한 번 해보자.'라면서 용기를 갖도록 만들 수 있다면 그것도 또 다른 의미가 있다고 생각한다.

나는 시장이 공부하는 만큼 지역이 발전한다고 믿기에 시간이 날 때마다 책을 읽는다.

단체장이 공부하는 만큼 지역은 발전한다

정치를 하려면 정치철학이 있어야 하듯, 단체장도 자치단체를 이끌어가려면 나름대로의 자기 철학이 있어야 한다. 시정구호는 그냥 만들어지는 것은 아니다. 지방자치가 잘 되려면 단체장을 중심으로 공무원과 시민 사이에 신뢰관계가 형성되어야 하고 단체장의 비전을 공유해야 한다.

그러기 위해서는 공무원들이 먼저 전문가가 되어야 한다. 나는 공무원 교육을 많이 시키는 편이다. 이에 앞서 내가 먼저 학습을 한다. 그것도 공무원들이 놀랄 정도로 한다.

나는 특별한 경우가 아니면 결혼식장에 가지 않는다. 조문도 친구의 부모님들과 직원들의 직계존속이 돌아가셨을 때에만 간다. 소모임은 청탁으로 이어질 것을 경계해 거의 참석하지 않는다. 때문에 체력을 유지하기 위해 주 2회 산행하더라도 일주일에 2~3일은 공부할 수 있는 시간을 만든다.

내 경우 고시에 도전하던 습관이 있어서 공부하는 데 이골이 난 편이다. 공부는 주로 시정과 관련된 책들을 집중적으로 보되 이해가 되지 않으면 전문가들과의 대화를 통해 관련 지식도 쌓는다. 그래도 모자라면 이들을 순천 아카데미 초청강사로 초빙하여 강의도 듣고 시청 내 연구모임에 참석하여 배우기도 한다.

나는 시장이 공부하는 만큼 지역이 발전한다고 믿기에 시장으로서의 자질을 높이기 위해 끊임없이 공부를 한다. 세계 유수 도시의 발전 과정을 학습하고 또 국내에서 도약하고 있는 다른 도시들의 변화상도

연구한다.

순천에 대해 의문이 나면 시민들에게 물어서 하나하나 풀어나가려고 노력한다. 선무당이 사람을 잡지 않도록 하려면, 모르는 게 있을 때마다 배워야 한다. 배우는 자세로 시정을 추진하면 실수도 줄고 그만큼 순천시의 발전을 탄탄하게 이끌 수 있다.

순천시청의 간부회의는 민선 5기부터 토론 형태로 바뀌어 진행되고 있다. 발표자도 미리 정하지 않는다. 국장 9명 중에서 내가 임의로 지명을 해서 발표를 하도록 한다. 그래서 간부회의가 열리면 항상 긴장감이 돈다.

간부회의는 모든 것이 공개된다. 읍면동에서도 중계방송으로 간부회의 내용을 다 들을 수 있고, 정책이 결정되는 과정을 공무원들뿐만 아니라 시민들까지 알 수 있다. 처음에는 젊은 시장이 국장들을 너무 몰아붙인다고 비판 여론도 많았다. 그러나 지금은 토론문화도 어느새 정착이 됐다.

광양, 순천, 여수는 반드시 통합되어야 한다

광양, 순천, 여수의 통합에 관한 한 나는 아주 강력한 통합 찬성론자다. 현대사회가 발전할수록 인접 생활권은 더욱 가까워진다. 광양과 순천, 여수시는 행정구역도 인접한데다 거리상으로도 매우 가깝다. 경제자유구역도 연접해 있고 항구와 공항도 같이 쓰고 있다. 그런데도 세 지역은 경쟁력 없는 무한경쟁만 거듭하고 있다.

국가경쟁력 차원에서 살펴보아도 광양, 여수, 순천처럼 인접한 각각의 도시들이 각기 다른 특성을 가진 경우는 드물다. 따라서 세 도시가 통합이 된다면 각 도시의 특장점들이 융합된 도시로 변모될 수 있다는 이야기가 된다.

실제로 광양은 제철과 항만이, 여수는 해양과 화학단지가, 순천은 교육과 주거단지가 잘 가꾸어져 있다. 따라서 통합론에 찬성하는 사람들은 세 자치단체가 통합을 할 경우 70조의 부가가치를 창출할 수 있다고 설명하기도 한다. 때문에 세 자치단체는 국가경쟁력과 시민들의 삶의 질을 높이기 위해서라도 빠른 시일 내에 통합이 이루어져야 한다. 그렇게 될 경우 광양, 순천, 여수는 세계의 어느 나라와도 경쟁할 수 있는 도시의 면모를 갖출 수 있게 된다.

그런데도 이번 자율통합 과정에서 정부에서 가장 주목했던 순천과 여수와 광양의 통합이 이루어지지 못한 것은 안타까운 일이다. 물론 실패한 원인은 광양이 반대를 하고 나중에 여수도 반대해서 통합이 물 건너간 것이지만 근본적인 이유는 순천에 대한 피해의식이 또다시 작용했기 때문으로 풀이된다.

실제로 순천에는 조선시대 때의 관청인 순천도호부가 있어서 이곳에서 주변지역을 관할해 왔다. 그러다보니 조선시대까지는 순천을 주축으로 모든 기반이 형성되었고 산업화가 되면서도 순천을 주축으로 경제기반이 형성되어 왔다.

교육도 순천에 가야 배울 수 있고 문화도 순천이 앞서다 보니 다른 지역이 피해의식을 느낄 수 있었는지도 모른다. 그럼에도 지역의 장기적인 미래를 생각한다면 통합은 3개 지역의 발전을 위해 반드시 이뤄야 할 과제임에도 이를 관철시키지 못한 것은 지역 지도자들의 무능과 설득력 부족, 그리고 도시 통합을 강력하게 추진할 수 있는 구심점이 없었기 때문이다.

여기에 흡수 통합이라는 일부 시의 편견과 오해, 통합시의 명칭, 청사 소재지의 선정과 관련된 첨예한 대립과 3개 시의 지역유지 등 기득권층의 이기주의와 지역민의 님비현상, 대중교통 사업자간 영업장소의 과당 경쟁 우려, 정치적 행정적 경제적 사회적 문화적 이해타산의 대립과 통합 후 세의 약화를 우려한 전남도의 강경한 반대 입장도 걸림돌이 되고 있다.

그러나 통합이 될 경우 이곳은 지역 발전이 가속화될 뿐만 아니라 대한민국에서도 가장 경쟁력이 있는 도시로 변모한다는 사실은 의심할 여지가 없으므로 지금과 같은 모습으로 결코 고착되어서는 아니 될 것이다.

단체장은 기득권층과 타협하지 말아야

나는 시정을 펴면서 기득권층과 타협을 거의 안 하는 편이다. 어느 지역이든 소수의 기득권층들은 존재한다. 그런데 단체장이 이들 기득권자들과 타협하는 순간 그 지역의 발전은 담보로 잡힐 가능성이 높아진다.

보통 기득권층은 경제적, 인적 영향력과 주도권 등 세력을 형성하고 있어서 자신들의 이권을 챙기지 못할 경우 자신들의 기득권이 약해짐을 우려한 나머지 지역 갈등을 일으키는 경우도 있다. 따라서 단체장 후보들이 이런 기득권층과 손을 잡고 선거운동을 한다면 대부분 발목을 잡히는 신세가 되고 만다.

단체장은 어떻게 선거운동을 하느냐에 따라 청렴도와 방향이 정해진다. 나는 사업가들이 나의 선거캠프에 합류해서 도와주는 것을 원치 않는다. 그저 순수하게 나를 좋아하는 사람들이 도와주고 선거가 끝나면 일상으로 돌아가길 바란다.

그래야 단체장들도 부담을 갖지 않고 소신껏 시정을 펼쳐 나갈 수 있다. 그런데 선거 때 도와줬으니까 이제는 나를 도와달라고 요구한다면 거기서부터 시정의 둑은 조금씩 무너져 내릴 수밖에 없다.

나는 빨간 점퍼를 즐겨 입는다. 빨간 점퍼를 입고 나타나면 시장이 왔다는 것이 공개되니까 사업하는 사람들도 나를 잘 만나려고 하지 않는다. 요즘 시장실 부속실에는 나를 따로 만나려고 기다리는 업자들이 거의 없다.

잘 만나주지도 않지만 만나도 되는 일이 없고 설계변경은 잘 안 해준다고 소문이 나 있기 때문이다. 그런 것 하나까지 엄격히 통제를 한다. '노관규는 도와줘도 도움이 안 된다.'는 사실을 이제는 업자들도 잘 알고 있다. 덕분에 나도 부당한 지시를 안 하게 되고 원칙대로 업무를 챙길 수 있으니 계속해서 선순환이 일어나고 있다.

창의성이 있어야 경쟁력이 확보된다

자치단체가 나아가야 될 방향을 일목요연하게 정리해 놓으면 장점도 있지만 단점도 있다. 장점은 가는 길이 정확하고 어떻게 가야 되는지 방법이 자세하게 언급되어 있기 때문에 실수가 없다는 점이다. 그러나 이 경우 조직은 창의성이 떨어지므로 전체 조직은 매너리즘에 빠질 가능성이 있다.

따라서 단체장은 자치단체가 가야 할 방향에 대해 정확한 비전을 제시하는 것도 중요하지만 너무 구체적이고 교과서적으로 제시하는 것은 바람직하지 않다. 자칫하면 이러한 방침이 지역 발전에 긍정적인 면도 있지만 한편으로는 부정적인 역할을 할 수도 있기 때문이다.

실제로 단체장의 비전 제시는 조직의 구성원들에게 교본으로 비쳐지고 이를 충실하게 이행하려다 보면 창의성은 뒷전으로 밀릴 수밖에 없다. 그러나 자치단체에게 가장 중요한 것은 창의성이다. 창의성이 있어야 자치단체의 경쟁력도 살아날 수 있다.

자치단체가 경쟁력을 가지려면 그 도시만의 유일한 것Only one이 있어야 한다. 다른 도시들과 유사한 도시들은 경쟁력을 갖추기 힘들다. 순천시는 해마다 상황에 맞게 순천시가 가야 할 방향에 대해서 궤도수정을 하고 있다.

물론 이렇게 궤도 수정을 해도 나는 '왜 교본대로 하지 않았느냐?'고 따지지 않는다. 이 역시 기준은 되지만 절대적이지 않기 때문이다. 단체장들이 자치단체의 미래 비전을 제시하고 이 비전을 위해 공무원을 비롯한 팔로워들이 헌신하는 것은 중요한 일이다. 그러나 이것이 너

무 도가 지나쳐 구성원들의 창의력을 떨어뜨리지 않도록 경계하는 것
도 아주 중요한 기술 중의 하나이다.

내 신조, 정기당당 正氣堂堂

무슨 일을 하든 자신의 미래를 긍정적으로 보면서 꿈을 갖는다는 것
은 매우 중요하다. 꿈을 가지면 그만큼 노력하고 몸을 던져 몰두하게
되고, 그렇게 몸을 던져 몰두할 만한 일을 찾아낸다는 것은 소중한 자
산이라고 생각한다. 바른 생각을 가지고 자신의 삶을 당당하게 사는
것이 정기당당正氣堂堂이다. 정기당당은 내가 법조인의 길에 들어서면서
부터 줄곧 간직하고 있는 소신이다.

중력처럼 물리적인 세계를 지배하는 원칙도 있지만 인간세계를 지
배하는 원칙도 있다. 그런데 인간세계에 공정하게 적용되는 원칙들은
돈을 주고 살 수도 팔 수도 없다. 정직하게 살고, 열심히 노력하고, 매
사를 감사한 마음으로 사는 것, 겸손하게 사는 것, 이런 원칙들을 지키
며 살아가는 사람들은 대부분 성공하고, 이것을 지키지 않는 사람은
인생에서 실패를 만나게 된다.

나는 민주당으로 처음 정치에 입문했을 때, 한 번 정당에 들어왔으
면 특별한 일이 없는 한 그 당과 끝까지 함께 하는 것이 정치인의 도리
라고 생각했다. 의리라면 의리일 수도 있겠지만 어쨌든 이리저리로 옮
겨 다니는 것이 마음에 들지 않는다. 나는 열린우리당이 창당되었을
때에도 민주당 당적을 버리지 않았다. 순천시 국회의원 선거와 처음

순천시장에 도전할 때도 민주당 당적은 그대로 유지하고 있었다. 물론 이번에는 당보다 순천시를 위해 일하는 것이 더욱 중요하다고 생각했다. 그래서 정기당당하게 무소속 출마를 선택한 것이지 당을 버리고 다른 당을 선택한 것은 아니다.

이따금 시청이 아닌 외부에서 시민들을 상대로 강연을 할 때가 있다. 그때마다 나는 이들에게 '절대 기죽지 말고 정기당당하게 열심히 살아야 당당해질 수 있다.'고 강조한다.

한 번은 환경미화원들을 모아놓고 '가장이 꿈이 없으면 가족에게 꿈을 못 심어준다. 재벌 아들딸이라고 다 잘 풀리지 않는다. 지위가 있고 돈이 있다고 자식들에게 다 꿈을 심어줄 수 있는 것은 아니다. 돈은 많아도 꿈을 심어주지 못하는 부모보다, 돈은 없어도 꿈을 심어주는 부모가 되어야 한다. 아이들에게는 인생을 성실하게 사는 모습을 보여주는 것이 더 중요하다. 아버지가 가족을 위해 최선을 다하는 모습을 보일 때 아이들도 그런 아버지를 보면서 배운다.'고 열변을 토한 적이 있다. 그러자 모두들 공감하면서 얼굴이 밝아지는 모습을 보고 우리 사회의 새로운 희망을 다시 읽을 수 있었다.

내가 자란 고향은 장흥이다. 그런데도 순천시민들은 그저 고등학교만 순천에서 졸업한 뒤에 20여년을 타관에서 굴러먹다가 출마한 나를 순천시장으로 뽑아주었다. 사실은 서울에서 안 되니까 고향도 아닌 순천에서 빌붙으려 한다는 눈총을 느끼고 있던 터였다.

그런데 시민들은 나를 객지 놈이라고 타박하지 않았다. 오히려 순천을 위해 큰일을 해달라는 격려의 말을 들을 때마다 순천에 대한 낯선 느낌과 두려움은 내 스스로가 빚어낸 허상에 불과하다는 사실을 깨닫게 되었다.

순천시민들이 나를 시장으로 뽑아준 이상 잠시 마음속에 있던 낯선 느낌을 털어내고 적어도 시민들에게 부끄럽지 않은 시장이 되려고 한다. 아니, 잘못되고 흐트러진 것들을 정상궤도에 올려놓는 정기당당한 시장으로 평가받기를 원하고 또 그렇게 살 생각이다.

나는 민들레처럼 희망을 퍼뜨리고 싶다.

민들레는 거름기 없고 척박한 땅의 돌 틈에서도 잘 자란다. 민들레는 땅이 척박할수록 잘 자라서 마침내 꽃을 피우고 홀씨를 퍼뜨린다. 나는 민들레의 이런 강인한 생명력이 왠지 좋다. 이 땅에 사는 나와 같은 척박한 운명을 짊어진 사람들도 민들레처럼 질긴 생명력으로 스스로 꽃 피울 수 있기를 갈망한다.

나는 이 땅의 민들레들이 든든하게 뿌리를 내려 새로운 홀씨를 퍼뜨릴 수 있도록 돌을 치워 주는 역할을 하고 싶다. 정치도 그런 정치를 하고 싶다. 제일 좋은 정치는 사람들에게 희망을 만들어 주는 것이다. 나는 정치도 잘만 하면 정말로 많은 사람들에게 도움을 줄 수 있다는 생각을 하곤 했다.

지금은 형편이 나아져서 통닭 장사를 하고 있지만 처음 생선 장사를 시작하던 내 여동생을 시장으로 찾아갔을 때 생선가시에 찔려 상처로 얼룩진 여동생의 손가락을 보면서 내 가슴에 가시가 찔린 듯 아픔이 느껴졌다. 서울에서 개인택시를 운전하는 남동생을 보고 있을 때도 심정은 마찬가지였다.

그래서 나는 시정을 추진하면서 '내가 조금만 더 잘하면 내 여동생, 내 남동생 같은 사람들에게 조금이라도 이득이 돌아가지 않을까?' 하는 심정으로 시정을 꾸려간다. 정치판에 뛰어든 이유도, 시장으로 출마한 이유도, 내 동생들과 같은 서민들의 삶이 나아지게 하고 싶다는 욕망 때문이었다.

당장의 사랑과 존경도 좋겠지만 어려울 때 내가 있었으면 좋았을 텐데 하며 기억해 주고, 힘들 때 나 같은 놈도 이겨내었는데 하며 용기를 얻었으면 하는 마음이다. 시장이 된지 어느덧 5년째에 접어든다. 그동안 이룬 것들도 있지만 아직도 해야 할 일이 산더미처럼 쌓여 있다.

내가 시장으로 있는 동안 다행스럽게도 순천시는 많은 발전을 거듭하고 있다. 산업이 발전하고, 도시 기능이 좋아져서 인구도 꾸준히 늘어나고 있다. 이런 결과는 오로지 시민을 바라보고 시민을 모셔야 길이 보인다는 정치의 기본에 충실했기 때문에 얻은 결과일 것이다.

그 사이 순천도 변했지만 나 자신도 많이 변했다. 나 역시 이제는 어느 자리에 가도 순천 이야기만 나오면 끝도 없이 순천 자랑을 늘어놓는 순천 사람이 되었다. 그 이전에는 어떤 일을 하든 끝에 가서는 회의를 느낄 때가 많았다. 검사 시절 권력을 휘두르던 자들을 구속하면 보람도 느꼈지만 한편으로는 일말의 회의감도 몰려왔다. 그런데 순천 시정을 맡은 뒤로는 회의감이 사라졌다. 내 속에는 온통 자랑과 자부심, 희망만 가득 차 있다.

생태도시를 구상한 나 자신이 자랑스럽고 그 일을 이루도록 해준 시민과 공무원들이 자랑스럽고, 너무나 고맙다. 또 생태도시로 거듭 태어난 순천이라는 곳이 자랑스럽다.

　나는 요즘 순천의 명품 브랜드 중 하나인 순천만의 노을을 자주 떠올린다. 언젠가 순천을 떠나게 될 때 순천만을 온통 붉게 물들이고 지는 저녁노을처럼 시민들이 가슴속에 그리워하는 사람으로 기억되고 싶다.

노관규 순천시장

1960년 9월 24일 출생
전라남도 장흥

1978.　　　　순천 매산고등학교 졸업

구로공단 공원

국세청 근무

사법고시 합격

서울 북부지검, 의정부지검, 수원지검 검사

대검찰청 중앙수사부 검사

김대중 총재 특별보좌역(전)

새천년민주당 중앙위원(전)

새천년민주당 예산결산위원회 위원장(전)

새천년민주당 서울 강동갑 지구당 위원장
(16대 국회의원 후보)

민주당 순천지구당(17대 국회의원 후보)

변호사

한국스카우트 전남연맹 순천지구연합회장(현)

강원도 영월군 _ 박선규 영월군수

생태가 살아 있는 박물관의 도시로 100년 후를 준비한다

아무 것도 시작하지 않는 것보다는 무엇이라도 시작하는 것이 낫지만
시작하려면 제대로 잘 시작해야 성과를 거둘 수 있다.
경제, 사회 패러다임이 바뀌는 상황에서
어제와 똑같은 시작, 낡은 시작으로는 또 다른 위기만 초래한다.
자치단체는 물론 개인도 미래를 준비하지 않으면
도태되거나 희생될 수밖에 없다.

천혜의 비경을 자랑하는 영월의 동강 어라연

어머니에게서 배운 배려

나는 영월군 영월읍 영흥리에서 일곱 형제 중 여섯째로 태어났다. 아버지는 운수업을 하셨다. 가정형편이 넉넉한 편은 아니었지만 밥을 못 먹을 정도는 아니었다. 영월에서 초중고등학교에 다니는 동안 나의 학교생활은 평범했으나 친구들과는 잘 어울리고 동네에서는 인사성 밝은 아이로 소문났다.

학창시절 소풍을 갈 때 어머니는 늘 여분의 도시락을 싸주셨다. 그때만 해도 춥고 배고픈 시절이라 도시락을 싸오지 못하는 친구들이 여럿 있었다. 그러면 친구들에게 어머니가 싸주신 도시락을 나눠주고 대신 친구들이 싸온 고구마와 옥수수를 맛있게 먹곤 했다. 그때 넉넉하게 싸주신 도시락 덕분에 내게도 배려하는 마음이 조금씩 형성되었던 것 같다.

어머니는 외출을 하실 때도 밥을 많이 지어놓으셨다. 우리 집은 어머니의 넉넉하신 정 때문에 항상 자취생들로 붐볐는데 친구들은 부엌에 들어가 알아서 밥을 퍼 김치며 고추장을 넣어서 비벼먹곤 했다. 어머니에게 배운 배려하는 마음은 공직생활을 하는 동안 동료 공직자들은 물론 지역민들에게 자연스럽게 전달되면서 내게 많은 도움이 되었다.

나는 내 고향 영월을 사랑한다. 그리고 내 고장 어르신과 선후배, 특히 내가 어려울 때나 힘들 때 용기를 주고 부족한 것을 채워주면서 세상과 맞서게 해준 친구들을 사랑한다. 어릴 적 동강 서강이 합쳐져 흘러가는 합수머리에서 친구들과 천렵을 하던 기억이 생생하다.

영월은 역사와 문화의 향기가 가득한 곳이다. 영월에는 단종의 한과 넋이 서려있는 천년유택 장릉莊陵과 단종의 애사哀史와 전설이 얽힌 청령포淸泠浦, 단종의 애달픈 사연을 간직한 관풍헌과 자규루가 있다.

또 영월에는 사람의 손길이 닿지 않은 자연 그대로의 숲과 모래톱, 기묘한 절벽, 강이 이루어낸 구절양장九折羊腸과 야생화가 절묘하게 어우러져 있으며, 4억 년 전의 신비를 간직한 고씨굴, 태고의 신비를 간직한 동강과 어라연, 흐르는 물 따라 풍경도 흐르는 서강, 해학과 풍자의 시선詩仙인 계곡 등 천혜의 풍광 등이 널려있다.

나는 이곳 영월에서 태백산맥과 소백산맥, 양백지간에 큰 인물이 날 것이라고 어른들이 말하던 산과 들을 바라보며 어린 시절 꿈을 키웠다. 유서 깊은 단종의 유배지였던 사적지에서는 울분도 느껴보았고, 김삿갓 시인을 통해서는 풍류도 배울 수 있었다.

영월에는 천혜의 부존자원이 풍부하다. 과거와 현재는 사람의 힘으로 바꿀 수 없지만 미래는 노력한 만큼 발전적으로 만들어 갈 수 있다.

영월도 노력하면 언젠가는 글로벌 도시가 될 것이고, 지역민들의 꿈을
모은다면 이 꿈은 현실로 이루어질 것이라 믿는다.

주민의 공복公僕이 되다

고등학교 3학년 때 대학에 갈 형편이 아니어서 9급 공무원 시험을
봤는데 합격이 됐다. 이때부터 지역주민들과 동고동락하는 생활이 시
작됐다. 공무원들은 지역 발전을 위해 고민해야 하고, 항상 주민들에
게 다가서는 행정을 해야 한다.

종합행정인 지방행정은 늘 주민들을 상대한다. 종합행정을 하다보
면 순탄한 길보다 예기치 못한 여러 가지 상황이 수도 없이 전개된다.
폭우가 내리면 수해복구 작업을 해야 하고, 겨울에 폭설이 내리면 눈
도 치워야 한다. 가뭄이 들면 대민봉사에 나서야 하고, 산불이 나면 불
도 꺼야 한다.

지난 날을 떠올리면 분뇨처리장 업무를 맡았던 청소계장 시절이 가
장 기억에 남아 있다. 당시 상습적인 수해 지역에 있었던 분뇨종말처
리장 시설을 수해로부터 안전한 곳으로 이전해야 하는데 혐오시설이
다 보니 주민들과 부딪치게 되었다. 그렇다고 반복적인 피해를 막으려
면 이전을 안 할 수도 없는 상황이었다. 나는 이전을 추진하는 과정에
서 주민들에게 욕도 많이 먹었고, 원망도 많이 받았으며, 입고 있던 옷
이 찢겨지고 분뇨 세례를 받는 수모도 겪었다.

개인 입장이었다면 감정을 드러냈겠지만 주민을 모셔야 하는 공무

원 신분이었기에 수모도 참아야 했다. 주민들도 나중에는 필요성을 인정하고 위생적인 처리시설, 환경시설이 있어야 한다는 점에 공감대가 형성되면서 92년 12월 19일 극적으로 주민과 합의가 되어 이전을 할 수 있었다.

우여곡절 끝에 이전한 환경사업소가 환경적이고 위생적으로 분뇨를 처리해 주는 것을 보면서 지난날의 기억들이 떠오른다. 지금 생각하면 너무도 소중한 경험이었고 값진 교훈이었다. 좀 더 주민의 편에 서서 그들을 이해하고 더 다가갔더라면 하는 아쉬움과 함께 그때 힘든 결정을 내려준 영월읍 방절리 주민과 남면 북쌍리 주민들이 고마울 뿐이다.

관광계장 시절에는 여름철 강원도 일대에 엄청난 폭우가 쏟아졌다. 영월은 산이 높고 계곡이 깊어 비가 오면 계곡물이 순식간에 불어난다. 급한 마음에 마을별로 대피하도록 읍면에 지시를 내리고 현장을 확인했더니 김삿갓면 하천에 주민 8명이 고립되어 있었다.

고립된 주민들을 구하려 해도 현장 여건이 좋지 않아 어려움이 컸다. 최종적으로 구조용 로프 총을 쏘았다. 공무원 한 명이 손을 다쳤지만 계곡 건너편으로 줄을 연결할 수 있었다. 해병대 중령 출신인 경찰서장은 현장에서 구조작전을 지휘하고 있었다. 당시엔 헬기도 뜰 수 없을 정도로 비가 억수같이 퍼부어댔다. 한여름인데도 계곡물은 오한이 날 정도로 차가웠다.

소방대원, 경찰, 지역주민, 공무원들이 함께 입체작전을 편 결과 마침내 고립된 8명 모두를 무사히 구출해 낼 수 있었다. 그때의 감격은 말할 수 없을 정도로 컸다. 직접 내 손으로 주민을 구했다는 사실이 너무 자랑스러웠다. 그러나 계곡물 속에서 얼마나 떨었는지 그날 구조를 마치고 돌아와 집에서 눕자 한여름에 겨울 이불을 덮고 있는데도 한동안 오한으로 떨던 기억이 지금도 생생하다.

2000년 3월 공무원의 꽃이라는 사무관으로 승진되어 주천면장으로 발령을 받았다. 처음으로 지역을 맡았다는 사실에 기쁘면서도 한편으로는 왠지 모를 책임감을 느꼈다. 우선 주천면 관내 경관을 아름답게 가꿔야겠다는 생각에 공원을 예쁘게 단장키로 했다.

그 옛날 단종이 쉬었다는 쉼터에는 단종의 일대기를 형상화하는 궁궐 형태의 담장을 만들고 꽃도 심었다. 요즘 화두話頭인 스토리텔링 기법을 도입하여 단종이 그리워했다는 어머니의 젖가슴을 만들고, 청령포에는 가시밭길 형상과 쉼터에서 한양을 바라보는 동상을 만드는 등 새로운 변화의 바람을 불어넣음으로써 관광객의 감성을 자극하였다.

비가 오면 새벽부터 밤늦게까지 수해현장을 점검하고, 가뭄이 왔을 때는 주민들과 관정을 파고 물을 푸기도 했다. 눈이 내리면 언덕길에서 직원들과 면민이 함께 눈도 치웠다. 사랑봉사회를 처음으로 결성하여 어려운 사람들에게 장판과 벽지도 도배해 주었다. 이·미용도 도와주고, 십시일반으로 공무원들과 면민들이 모은 돈으로 밑반찬도 해서 갖다 드렸다.

이 과정에서 지역민들에게 화합의 계기를 만들어주고 지역 봉사단체가 지역 발전에 구심체 역할을 할 수 있도록 한 것에 대해 뿌듯한 자부심을 느끼고 있다. 주민들도 작은 나눔과 배려가 어려운 이웃에게 큰 희망을 가져다준다는 사실에 흐뭇함을 느끼는 모습이었다.

단종의 슬픈 이야기가 깃들인 청령포

군수선거에 도전하다

주천면장으로 근무한 지 2년 만에 산림환경과장으로 발령이 났다. 문화관광과장을 거쳐 다시 영월읍장으로 자리를 옮겨 지역 발전을 위하여 정신없이 뛰어다니던 중, 2006년 초에 현직 군수가 건강을 이유로 차기 군수 선거에 불출마하겠다고 선언했다. 영월군수의 불출마 소식이 전해지자 너도 나도 군수 선거에 뛰어들었다.

나는 공무원 생활을 30년째 하고 있을 때였다. 아직도 정년은 많이 남아 있었지만 단체장이 되어 지역을 멋지게 이끌어가고 싶다는 용기가 생겼다. 영월은 2006년까지만 해도 폐광지역의 절망감으로 경제 기반이 매우 부실했다. 게다가 문화나 교육 등 환경이 다른 자치단체보다 취약하다보니 사람들은 하나 둘씩 고향을 등지고 외지로 나갔다.

지역의 이런 현실을 볼 때마다 영월에 새로운 인프라를 구축해서 보다 역동적인 도시로 가꾸고 새로운 부흥을 일으켜 군민의 삶을 풍요롭게 해주고 싶었다. 가장 중요한 것은 교육환경 개선이었다. 교육을 특화하고 강화시키면 영월의 정주 기반 토대를 다질 수 있을 것이라고 확신하고 있었다.

큰 꿈과 비전을 가지고 군정을 펼친다면 군민들에게도 기대감과 설렘을 줄 수 있고, 찾고 싶은 영월, 살고 싶은 영월을 만들 수 있을 것이라는 생각이 들었다. 주변에서도 출마를 적극 권유했다. 아내도 '지금 나서지 않으면 평생을 후회할 것 아니냐?'면서 나의 출마에 힘을 실어주었다.

영월도 이제는 폐광지역이라는 절망감에서 벗어나 '가능성이 있는 도시’, ‘미래를 꿈꿀 수 있는 도시’, ‘희망이 있는 도시’로 가꿔나가야 한다. 공직생활을 하는 동안 주민을 먼저 생각하고 지역 발전을 위해 밤이 새도록 일에 몰두하던 그런 뜨거운 열정만 쏟아 붓는다면 얼마든지 영월을 바꿀 수 있을 것이라는 생각에 최종 출마를 결심했다.

명예퇴직 신청을 하고 정식으로 단체장 도전을 선언했다. 내가 단체장 출마 의사를 밝히자 아버님은 ‘선거운동에 보태 쓰라.’면서 모아두셨던 500만 원을 꺼내주셨다. 갑자기 눈물이 쏟아졌다. 아버님이 너무 고마웠다. 그러나 공천 경쟁도 쉽지 않았거니와 선거 과정 동안 오로지 공직 경험만 가지고 출마했기에 어려움은 한두 가지가 아니었다.

출마 초기에는 후회도 많이 했다. 반면에 선거를 치르는 동안 나는 새로운 것을 배울 수 있었다. 공직에 있을 때 많은 사람을 알고 있다고 생각했는데 막상 출마해 보니 내가 아는 유권자들은 채 20%도 되지 않았다.

또한 읍 면장을 할 때에는 그렇게 따뜻하게 반겨주던 군민들도 나에 대한 시선이 달라지고, 대하는 표정이 바뀌는 것을 보면서 ‘선거가 이런 것이구나.’ 하는 것을 뼈저리게 느꼈다. 이따금 허탈감도 엄습해 왔다. 그러나 출사표를 던진 이상 최선을 다하기로 했다. 새벽부터 밤늦게까지 지역 곳곳을 누비며 사람들을 만났다.

선거가 본격화되자 의외의 사람들이 내게 도움을 주고, 말 한마디라도 따뜻하게 대해주는 것을 보면서 용기백배할 수 있었다. 어떤 유권자는 자신이 누구인지 알리지 말라고 하면서 휴대전화 문자를 통해 사람들이 모여 있는 행사장을 찾아가 보라고 연락해 주었다.

'이런 분 때문에 선거를 하는 구나.' 하는 느낌이 들었다. 막상 선거판에 뛰어들었지만 나는 유권자들에게 그리 알려진 인물이 아니었다. 학력도 고교 졸업이 전부인 데다 돈도 없었고, 사회 경험도 부족했다. 오로지 정직과 진실한 마음으로 군민 속으로 파고드는 수밖에 없었다.

다행히 그동안 나의 공직자로서의 성실한 삶을 주민들에게 가감 없이 전달하면서 열심히 살아온 친구라는 이미지를 각인시킬 수 있었다.

특히 영월읍장과 주천면장을 하던 시절에 토·일요일에도 지역을 순찰하고 어려운 주민들을 위해 노력했던 공직생활이 표심을 자극하여 민선 4기 영월군수에 당선될 수 있었다.

변화는 작은 것부터

취임 이후 나는 제일 먼저 군수 집무실을 2층에서 1층으로 옮겼다. 군민의 불편을 신속히 파악하고 군민에게 더 가까이 다가서는 변화된 모습을 보여주어야 한다는 생각에서 내린 결정이었다. 또 하나는 더 낮은 곳에서 군민을 섬기는 섬김 행정을 몸소 실천함으로써 공무원들도 섬김의 마음가짐으로 행정을 추진하도록 했다.

나는 집에서 출근하기 때문에 관사가 필요 없었다. 그래서 군수 관사도 어르신 쉼터로 활용할 수 있도록 조치했다. 일부 공무원들은 새로운 군수가 취임하면 관사를 다시 마련해야 하니 보류했으면 좋겠다는 의견도 내놨다. 그러나 그건 새로운 군수가 그때 가서 고민할 문제이고 우선은 내 요구에 따라줄 것을 부탁했다. 그동안 관사가 있는 부근 마을에는 어르신 쉼터가 없어 불편을 겪고 있었다. 어르신 쉼터에 운영비도 지원해주고 이곳에서 요가, 댄스 등을 배우고 건강 증진과 함께 문화생활도 즐길 수 있게 되자 어르신들은 무척 흡족해했다.

두 번째는 농업기술센터와 사회복지과에 현장답사에 필요한 소형 차량을 구입해서 배치시켰다. 농업기술센터에 우선적으로 배치한 그린서비스 차량은 수시로 농촌 현장을 찾아가 영농기술을 지도하고 영농을 위한 정보를 신속히 제공함으로써 우리 군의 농촌 경쟁력을 높이고 있다. 사회복지 업무는 어려운 이웃과 시설에 찾아가 서비스를 하는 것이다. 어려운 이웃들이 찾아올 때까지 기다리기보다 직접 현장에 가서 그분들이 진정 필요로 하는 것이 무엇인지를 알아서 도와주어야 한다. 그런데 개인 차량으로 서비스 업무를 하다보니 현장 중심의 서비스가 이루어지지 않았다. 사기 진작에도 문제가 있어 직원들이 일할 수 있는 시스템을 만들어 주고 사회복지 공무원이 관용 차량으로 직접 현장을 찾아가서 보살펴 드리도록 했다. 어려운 분들이나 거동이 불편한 사람이 행정기관에 와서 불편을 호소하게 해서는 안 된다.

나는 읍면에도 현장 방문용 효자손 서비스 차량을 일괄적으로 구입해서 배치한 뒤 읍·면장들도 일주일에 한 번 이상 어려운 이웃을 찾아보도록 했다. 요즘 자식들은 시골에 부모님이 계셔도 전화연락을 거의 하지 않는다. 그런데 군청 직원들이 어르신께 전화도 더 자주 하고 주기적으로 방문 서비스를 실시하자 어르신들도 생활에 활력을 되찾았다.

희망 콜센터를 설치해 놓고 어르신 287명께 수시로 안전을 확인하고

동강은 주변 경관이 빼어나고 수량이 풍부하기 때문에 우리나라 최고의 래프팅 장소로 손꼽힌다.

말벗이 되어 드리면서 필요한 것이 있을 경우 재가복지센터에 연결해 주고, 부족한 점이 있으면 라이온스, 로타리, 자원봉사센터, 자활후견기관 등 봉사단체와 연계시켜 어려움을 해결해 드렸다. 그리고 집수리와 도배장판, 연탄 보일러를 고쳐주자 어르신들이 고마워하고, 봉사단체들은 이들을 도와주었다는 사실에 뿌듯한 보람을 느꼈다.

어떤 할머니는 '자식들도 자주 전화를 하지 않는데 군에서 자식보다 더 잘해주니 너무 고맙다.'면서 우시는 것을 보고 작지만 소외된 분들을 배려하는 행정이 진정한 주민행정임을 피부로 느낄 수 있었다. 변화란 이처럼 작은 것에서부터 시작될 때 주민들의 호응도 이끌어 낼 수 있다.

전국 최고의 래프팅 명소, 동강

영월의 동강은 래프팅의 명소로 전국에 널리 알려져 있다. 래프팅은 배의 형태를 가지고 물에서 할 수 있는 모든 종목을 말하나 통상은 고무보트를 이용한 '급류타기'를 일컫는 말이다. 래프팅은 고도의 기술이 필요 없지만 상쾌함과 스릴을 만끽할 수 있는 최고의 레저 스포츠다.

동강은 주변 경관이 빼어나고 수량이 풍부하기 때문에 우리나라 최고의 래프팅 장소로 손꼽힌다. 래프팅은 주로 여름철에 하나 주변 경관의 풍광은 가을 단풍이 들었을 때가 더욱 아름답다. 실제로 가을에 래프팅을 즐기면 더욱 운치가 있고 절경도 한 눈에 들어온다.

동강에는 4개의 래프팅 코스가 있다. 2시간이 소요되는 8km 구간부터 8시간이 소요되는 30km 구간까지 있는데 이중 문산나루터에서 섭새 강변으로 이어지는 10km 코스(3시간)와 진탄나루터에서 섭세강변으로 이어지는 13km 코스(4시간)가 가장 인기가 좋다.

영월의 래프팅 코스는 강폭이 넓고 잔잔해 스릴감은 다소 떨어진다. 반면에 아이들도 부담 없이 즐길 수 있고 동강의 풍경을 고스란히 느낄 수 있어 가족 관광객들에게는 인기 만점이다. 특히 래프팅과 트레킹 탐방객에게만 허용되는 동강의 비경秘境인 상선암, 중선암, 하선암의 커다란 바위 세 개가 어우러진 어라연을 바라보노라면 탄성이 저절로 나온다.

한국의 아마존이라 불리는 동강에 래프팅 관광객이 몰려들 무렵이면 동강국제사진제, 동강축제 등 다양한 행사가 연일 개최되어 자연이 살아 숨 쉬는 영월에서 아름다운 추억을 듬뿍 담아갈 수 있다.

동강에는 6월 중순부터 연간 100만 명이 넘는 래프팅 인구가 찾아오지만 9월 초가 넘으면 관광객이 줄어든다. 그래서 앞으로는 4월 초부터 10월까지 래프팅을 즐길 수 있도록 하는 방안을 찾고 있다. 영월은 레포츠 기반시설이 좋다. 옛날 광산을 하던 자리에 거미줄처럼 얽혀있고 실핏줄처럼 이어져 있는 운탄도로와 산림도로를 연결하자 사계절 사랑받는 트레킹과 멋진 MTB 코스로 변모되었다.

봉래산 별마로천문대에 위치한 패러글라이딩도 전국의 많은 동호인이 찾고 있으며, 카누, 카약의 동호인 유치를 위한 기반도 새롭게 구축하고 있다. 영월군은 2009년 전국에서 처음으로 마운틴 스포츠 메카를 선언하였다. 지역의 강과 산을 최대한 잘 활용해 레포츠 동호인들이 즐길 수 있는 인프라를 꾸준히 마련하고, 이들이 즐기고 체험할 수 있는 다양한 코스도 개발 중에 있다.

한반도 지형을 닮은 서강, 한반도면

한반도 지형을 빼닮은 선암마을은 삼면이 바다인 우리 땅을 그대로 옮겨 놓은 듯하다. 강을 낀 동쪽은 높은 절벽 사이로 나무가 울창한 반면, 서쪽은 경사가 완만한 평지로 되어 있다. 또한 북쪽으로는 백두산, 남쪽으로는 포항의 호미곶과 같은 산과 곶이 있다.

평창강과 주천강이 합쳐지기 직전에 강물이 휘돌아가면서 자연스럽게 형성된 이곳 지형이 최근 〈1박2일〉이라는 TV 프로그램을 통해서 널리 알려지면서 많은 관광객들이 찾는 영월의 새로운 명소가 됐다. 영월군은 이곳을 한눈에 바라볼 수 있도록 전망대와 주차장도 만들었다.

선암마을 지형 주변은 생태적 가치도 매우 높다. 실제로 환경부의 조사 결과에 따르면 이곳에 서식하는 토종어종과 보호어종 외에 희귀 식물들도 많아 습지보전지구로서의 가치가 높다는 결과가 나왔다.

이곳을 습지로 보전할 경우 개발 제한으로 인해 재산권 행사에 불편을 준다는 여론도 있었다. 그러나 지역주민들이 2013년 국제정원박람회가 열리게 될 순천만에 다녀오고 공청회를 열면서 지금은 우호적인 여론이 조성되고 있다.

선암마을은 환경부가 지정하는 람사르협약 습지보호지역에 등록할 수 있는 입지적 여건이 충분하다. 따라서 환경부와 국토부의 의견 조

한반도의 지형을 쏙 빼닮은 선암마을

율을 거쳐 생태체험학습장으로 만들고 생태적 가치를 체험하고 즐길 수 있는 교육 공간으로의 변신을 서두르고 있다.

이를테면 농촌 전통 테마마을로 지정된 한반도 지형에서 탐방객들이 뗏목 투어를 하면 이곳 주민들이 한반도를 설명하는 방식이다. 아울러 주민 소득과 직결이 되는 여건을 조성하여 농외소득도 올리고 박물관과 연계시키는 방안도 찾고 있다.

한반도 지형에서 영월로 들어오는 길목엔 또 하나의 명소가 있다. 소나기재 정상에서 절벽 사이로 세상풍경을 바라볼 수 있는 선돌이 있어 이곳에도 관광객들을 위한 전망대를 설치했다. 선돌은 경관도 아름답지만 물안개 사이로 보일 듯 말듯 내려다보이는 서강의 푸른 물줄기를 바라보노라면 탄성이 절로 난다. 따라서 생태, 문화, 환경 축과 연계시키고 역사를 곁들이면 영월은 상당히 가치 있는 생태문화도시로 변모될 수 있다.

영월의 랜드마크, '수광영월水光寧越'

'물은 생명을 안고 흐르며, 길은 문명을 실어 나른다.'

영월군은 아름다운 풍광을 자랑하는 곳이다. 조선 단종의 한이 서린 와 래프팅 명소인 동강은 그 중에서도 압권壓卷이다. 단 한 번이라도 영월 동강을 찾았던 사람이라면 계곡의 맑은 물과 수려한 경관을 보고 홀딱 반하게 된다.

영월에서 삼옥 둥글바위를 지나 문산을 향해 가다보면 최근에 문을 연 동강정보센터가 있다. 이곳을 지나는 사람들은 입구에 세워진 '수광영월水光寧越'이라는 하이브리드 금속 조각 작품을 보는 순간 눈길을 돌리지 못한다. 그만큼 수광영월은 동강정보센터의 안내 역할을 하는 독특한 인상을 주면서 생태정보단지의 랜드마크로 자리매김했다.

영월군이 동강 어라연 계곡에 생태정보단지와 생태공원을 조성하면서 안종연 작가에게 동강생태공원을 널리 알릴 '간판' 격의 작품을 부탁하자 동강의 이미지를 살려 설치한 작품이 '수광영월'이다.

'수광영월'은 동강의 푸른 물과 계곡에 빛을 밝혀 영월을 밝힌다는 뜻이다. 수광영월 조형물은 금속, 유리, LED 전광판, 디지털 비디오 인터페이스가 결합된 하이브리드 예술의 결정판이다. 작품 속에는 '생성'과 '소멸'의 생명 순환의 법칙을 형상화하고, 그 속에는 빛의 파노라마를 담고 있다.

영월읍 삼옥리, 동강 래프팅 코스의 초입인 동강생태공원 언덕에 세워진 지름 6.7m 크기의 '수광영월水光寧越' 중심의 지름 2m에는 빛을 발하는 LED 조명을 심었다. 그리고 중앙 화면에서는 어릴 적에 갖고 놀던 만화경을 연상케 하는 아름답고 환상적인 애니메이션 영상이 24시간 빛을 발하는 가운데 잔잔한 음악이 흘러나온다.

유유히 흐르는 어라연 계곡의 강물처럼 생명의 탄생과 소멸, 우주의 순환을 빛과 색의 파노라마로 형상화한 '수광영월'의 전광판에서는 오색의 꽃이 피고, 나비가 날며, 별이 반짝이는 동안 명상적인 문구들이 오묘한 파장을 이뤄내며 밤낮으로 빛을 발한다.

'수광영월'이 설치되자 영월과 동강의 가치도 덩달아 상승하고 있다.

동강생태공원 언덕에 설치한 수광영월

빛과 색, 형태와 움직임이 조화를 이루는 '수광영월'은 대자연 속 '조촐하고 진솔한 삶'과 맑은 동강을 꿈꾸는 모든 사람들의 소망이기도 해 더욱 뜻 깊게 느껴진다.

풍자와 해학의 난고 김삿갓

방랑시인 김삿갓 선생의 호는 난고蘭皐요, 본명은 김병연金炳淵이다. 김삿갓은 일생 동안 시와 하나가 되어 구름처럼 머물다 바람처럼 홀연히 떠난 시대의 빼어난 시인이다. 또한 허름한 삿갓을 쓰고 조선 팔도 방방곡곡을 돌아다니면서 양반 귀족들의 부패상과 죄악상, 비인도성을 폭로하고 풍자했던 세계적인 문호文豪이기도 했다.

김삿갓 선생의 안동 김씨 가문은 김삿갓이 다섯 살 때 홍경래의 난으로 말미암아 삼족이 멸하는 처지에 놓인다. 이때 김삿갓은 노비의 도움으로 형과 함께 강원도 영월로 이주해서 살다가 과시科詩에서 장원급제한다. 그러나 당시에 그가 썼던 시제의 제목이 할아버지를 욕되게 했다는 죄책감에 하늘을 바라볼 수 없는 죄인이라는 뜻으로 죽장에 삿갓을 쓰고 전국을 배회하며 방랑 세월을 보내다 57세의 나이에 전남화순에 있는 동복同福 땅에서 생을 마감한다.

영월에서는 가을이 되면 매년 김삿갓의 시대정신과 예술혼을 흠모하는 김삿갓문화제를 열고 있다. 김삿갓의 묘역이 있는 노루목 마을에서는 추모제와 추모 살풀이춤, 추모 퍼포먼스, 문화행사 등이 다채롭게 열려 그의 삶과 시 세계를 새롭게 조명하고 있다.

김삿갓문학관 전경

김삿갓문화제

영월에서 김삿갓축제를 열 수 있게 된 배경에는 이 지역 출신 영월의 향토사학자인 정암 박영국 선생의 역할이 컸다. 박 선생은 김삿갓이 전국 방방곡곡을 배회하다가 전라도 동복에서 쓸쓸하게 인생을 마감했지만 문헌을 통하여 영월로 이장을 했다는 사실을 알고, 1982년 김삿갓의 묘지와 생가 터를 찾는데 결정적인 역할을 했다.

이후 당시 지역구 국회의원인 심명보 의원이 묘역을 성역화하기 위해 '죽장에 삿갓 쓰고, 방랑 3,000천리' 노래를 즐겨 부르던 전두환 대통령을 찾아가 부탁한 결과 사업비를 받아내어 주변 땅을 사서 묘역을 정비할 수 있었다.

올해로 13회째를 맞은 김삿갓문화큰잔치는 해를 거듭할수록 자연과 시, 그리고 인간이 어우러지는 순수한 문화예술축제로 자리매김해 가고 있다. 최근에는 김삿갓에 대한 스토리텔링 작업을 통해 김삿갓 묘역에서 생가까지 '김삿갓 길 걷기' 대회를 열었는데 반응이 좋아서 내년부터는 외국인들에게도 참여를 확대하여 김삿갓문화제를 국제화할 수 있는 여건을 계획하고 있다.

아울러 김삿갓 학술심포지엄과 김삿갓문학상 수상을 통해 수상자의 격도 높이면서 축제는 더욱 권위 있는 문화제로 발전하고 있다. 앞으로 김삿갓 계곡은 김삿갓의 시향과 함께 명상을 통하여 현대인들의 지친 마음을 치유할 수 있는 곳으로 발전시켜 나갈 계획이다.

'영월 다하누촌'과 캐시백 사업

　강원도 영월군 주천면 '다하누촌'은 인구 4,000명이 조금 넘는 작은 시골 마을이다. 그러나 요즘은 평일에는 2,000여 명, 주말에는 5,000 여명 등 연간 100만 명의 관광객이 찾아올 정도로 유명한 한우마을이 됐다.

　영월 다하누촌이 유명해진 것은 2007년 이곳에 한우 사육 농가와 소비자를 연결하는 한우 직거래장터가 생기면서 부터다. 영월에는 축산 농가들이 많다. 한우만 판다는 의미의 다하누(다한우)촌이라는 브랜드를 걸고 시작한 직거래장터는 농가로부터 사들인 한우를 전용 도축장에서 직접 잡아 소비자에게 저렴한 가격에 팔고 있다.

　다하누촌 정육점은 지역에서 생산되는 소를 등급별로 포장해서 원가 수준으로 판다. 손님들도 1인당 3,000원의 상차림 비용만 내면 구입한 고기를 식당에서 야채와 곁들여 구워먹을 수 있다. 다하누촌이 영월을 찾았던 관광객들이 투어를 마치고 식사하는 공간으로 정착되면서 축산 소비가 촉진되고, 먹거리촌이 활성화되자 식당도 살아났다. 또한 관광객들이 영월의 농특산물인 감자, 잡곡, 고추까지 사가면서 축산을 통한 지역경제 활성화 외에 농촌경제도 되살아나고 있다.

　도매상, 소매상의 유통마진을 없앤 이곳에서는 등심과 안심, 갈빗살, 차돌박이로 구성된 1등급 모듬구이용 600g을 4만 1,000원에 살 수 있다. 품질 좋은 한우를 저렴하게 먹을 수 있다는 입소문이 나돌면서 하루 3~4만 원이 고작이던 식당들은 매출액이 100만~200만 원으로 껑충 뛰었다.

처음에는 정육점 1곳, 식당 3곳으로 시작한 직거래 장터가 지금은 정육점 10곳, 식당 38곳으로 늘어났다. 이곳에서는 매달 셋째 토·일요일이 되면 햇감자축제, 얼음막걸리축제, 쌍섶다리축제 같은 행사가 열린다.

추석 연휴에는 코레일관광개발에서 운영하는 한우관광열차 패키지를 이용해서 평소보다도 훨씬 많은 관광객들이 영월 다하누촌을 찾는다. 인근 박물관 및 관광지 입장권을 소지한 고객에게는 입장료를 전액 환불해 주는 마케팅 행사를 실시한 덕분에 다하누촌이 문전성시를 이루면서 영월 지역 인근에는 펜션 숙박객들은 물론 정주인구도 늘어났다.

FTA 등 미국산 쇠고기 수입으로 농촌은 갈수록 더 어려워지고 있지만 다하누촌의 사례는 주민들이 힘을 합쳐 특성화 사업을 제대로 추진하면 시골도 얼마든지 활기 있고 희망 넘치는 부자 마을로 바꿀 수 있다는 교훈을 일깨워주고 있다.

영월군은 지역의 관광자원을 적극 네트워크화 하는 '캐시백' 사업도 추진하고 있다. 박물관을 관람한 영수증이나 입장권을 다하누촌 정육점에 가져가면 입장권 금액(통합입장권의 경우 10%)만큼 할인해 주므로 관광객은 입장권 금액만큼 소고기를 더 사갈 수 있다. '캐시백' 사업은 지역의 문화와 먹거리가 결합된 상생 모델로 선정되어 2009년 9월 17일 문광부의 성공모델로 발표회를 갖기도 했다.

지붕 없는 박물관 창조도시, 영월

영월은 수려한 자연자원과 더불어 다양한 테마박물관 및 전시관이 있어 가족 단위 여행객들을 위한 교육, 학습 테마 여행지로 인기가 높다. 영월군의 인구는 4만 명에 불과하나 박물관은 현재 개관을 준비 중인 것까지 합치면 무려 27군데나 된다. 인구 1,500명당 하나 꼴로 박물관이 있으니 그야말로 박물관의 천국이라고 할 수 있다.

영월에 처음으로 박물관이 입주한 것은 조선민화박물관이 시초다. 1999년 3월 이곳에 최초로 박물관을 지은 오석환 조선민화박물관장은 영월을 '편안하고 경치에 취해서 살고 싶은 지역'이라고 자랑한다.

이러한 천혜의 조건 덕분에 입주하는 박물관 수도 점차 늘고 있다. 영월책박물관, 단종역사관 등 2006년까지 아홉 곳에 불과했던 박물관은 2007년 호야지리박물관, 영월화석박물관 등 4곳이 추가로 개관해 13곳으로 늘었고, 2008년 쾌연재도자미술관 개관에 이어 2009년에는 아프리카미술박물관, 영월동굴생태관, 강원도탄광문화촌, 영월종교미술박물관, 베어가家곰인형박물관 등 6곳이 개관해 모두 20곳이 운영 중에 있다.

신활력사업이 국가 중점 지원 사업으로 추진되던 2008년 12월 전국의 지자체들이 농업 중심의 개발을 서두를 때 영월은 박물관을 중심으로 하는 문화사업 특화에 집중적인 노력을 쏟은 결과 박물관고을 특구로 지정됐다. 여기에 2010년 농림수산식품부 최종 평가 결과 박물관고을 영월이 대통령 기관 표창을 받으면서 '지붕 없는 박물관 창조도시, 영월'의 역사가 새롭게 시작되고 있다.

박물관 사업은 다른 지자체들의 사업과 다른 면이 있다. 당장 신속하게 성과를 낼 수 있는 사업이 아니라 10년, 50년, 아니 100년 앞을 내다보고 추진하는 사업이다. 영월이 228개 지자체 중에서 유일한 박물관고을 특구로 지정되면서 박물관 사업은 영월의 새로운 성장 동력으로 떠오르고 있다.

박물관을 지역의 산업화와 융화시켜서 주민 소득과 연결시키는 일들도 서서히 진행되고 있다. 박물관과 관련된 축제가 열리면서 지역을 찾는 관광객들도 늘어나고 있다. 기차여행 외에 대중교통을 이용한 관광 패턴이 생기고 방문객들이 택시 등과 계약을 해서 박물관을 둘러보는 일이 잦아지면서 운수업 종사자들에게도 혜택이 돌아가고 있다. 별마로천문대는 밤새 별자리를 관측하려면 낮에 잠을 자야 하기 때문에 펜션 등 숙박업소에도 보탬을 주고 있다.

초창기 박물관 입주에 냉소적 입장을 보였던 주민들도 박물관이 지역에서 생산된 농산물을 팔아주고 박물관 해설사인 큐레이터를 지역 출신으로 고용하면서 박물관에 대한 인식들도 달라지고 있다.

곤충박물관의 경우 박물관에서 사용되는 곤충을 지역의 노인들이 직접 사육하여 보급하면서 소득으로 연결이 되고 곤충마을까지 형성되면서 다양한 형태의 시너지 효과도 나타나고 있다.

새로운 문화관광, 박물관 네트워크

박물관의 도시라 불리는 일본 하꼬네는 인구가 6,000명밖에 안 되는

강원도탄광문화촌

단종역사관

동강사진박물관

작은 마을이다. 호수도 있고, 활화산도 있는 이곳은 박물관들이 어느 정도 거리를 두고 떨어져 있다. 박물관도 장난감박물관을 비롯해서 유리글래스박물관, 인형박물관, 조각박물관 등 형태가 매우 다양하다. 이 때문에 하꼬네는 전국 일본 학생들의 단골 수학여행 코스가 되었다.

하꼬네에는 메이저급 박물관인 자연사박물관이 있고 온천이 있어서 도시에 생기가 넘치지만 입지적 여건은 영월보다 경관이 수려하진 못하다. 영월에도 20개의 박물관들을 활용하여 생태교육장이나 문화사적지, 또는 다른 레포츠와 연계한 결과 1박 2일, 또는 2박 3일 간 머물 수 있는 관광 상품이 만들어졌다.

나는 래프팅이나 패러글라이딩, 트레킹, 또는 등산을 하려고 영월을 찾았던 레포츠 동호인들이 짬을 내어 박물관을 둘러보고는 '좋은 풍광에 흠뻑 젖고 박물관에서 마음의 양식까지 담아간다.'는 덕담을 하고 갈 때 가장 흐뭇하다.

영월이 박물관고을 특구로 지정되면서 박물관을 짓겠다는 분들도 갈수록 늘고 있다. 영월에 들어선 박물관들은 규모가 그리 크지 않다. 폐교를 활용한 것들도 있고, 복지관을 리모델링해서 만들어 시설이 아기자기하면서 영월의 다양한 문화와 함께 많은 볼거리를 제공해 전국민들로부터 사랑을 받고 있다.

이중 국내 최대 규모의 망원경을 갖춘 별마로천문대에서는 밤하늘을 가득 수놓는 은하수와 별똥별을 관찰할 수 있다. 곤충박물관에서는 3천여 점의 국내 곤충과 각종 생태 사진들도 전시해 놓고 있다. 호안

베어가곰인형박물관

영월곤충박물관

영월동굴생태관

영월아프리카미술박물관

목산미술관

세계민속악기박물관

다구박물관에서는 녹차와 관련된 각종 도구를 한눈에 볼 수 있고, 청소년과 주부들을 위한 체험교실도 운영하고 있다.

아프리카미술박물관에서는 아프리카 대륙 20여 개 나라에서 수집한 500여 점의 미술품을 통해 아프리카의 민족성, 생활상, 문화의 얼을 배울 수 있다. 지리교사가 만든 호야지리박물관은 교육자로 태어나서 죽을 때까지 지리학에 대한 교육을 우리 청소년들에게, 국민들에게 전하고 싶다는 순수한 마음을 보여줘 찾는 이들에게 잔잔한 감동을 안겨준다. 조선민화박물관에서는 조선시대 진본 민화를 전문해설가의 설명으로 민화 속의 그림 하나하나에 담겨져 있는 조상의 슬기와 충효사상, 얼을 깨우칠 수 있다.

나는 박물관 운영자들에게 '지역 주민과 친해지려면 박물관도 지역의 농산물을 파는 거점 마케팅 제도를 운영하라.'고 권유한다. 또한 박물관 행사 때에는 주민들도 참여할 수 있도록 유도하고 있다.

주민들에게도 '박물관들이 소장하고 있는 작품들은 가치를 따질 수 없을 정도로 소중한 자료들이므로 애정과 관심을 갖고 바라보아야 한다.'고 주문한다. 또한 '군에서 이런 작품들을 군비로 구입하려면 엄청난 비용을 지불해야 하는데 이분들이 작품을 스스로 가지고 왔으니 늘 고맙게 생각하고, 군민들이 구입한 작품이라고 생각하고 적극 협조해야 한다.'고 강조한다.

그동안 영월에 온 관광객들은 관심 있는 한두 곳의 박물관만 보고 가는 관광 형태가 고작이었다. 또한 박물관과 박물관을 서로 네트워크화해서 체류 시스템을 만들 수 있는 소프트웨어 프로그램을 개발하지

국내 최대 규모의 망원경을 갖춘 별마로천문대

못했기에 지역경제에도 그다지 도움이 되지 못했다.

따라서 앞으로는 가족단위 관광객들이 언제라도 영월의 박물관에 와서 문화와 예술의 정취를 느끼고 다양한 프로그램을 통해 배우는 공간으로 활용하는 방안을 모색 중에 있다.

문화는 우리가 더 미래적인 안목을 가지고 준비하고 키워나갈 때 지역의 큰 자산이 된다. 지금은 지역의 문화가 곧 지역의 경쟁력이 되는 시대이다. 박물관들을 결합시키고, 영월을 문화도시, 생태도시로 가꾸면서 친환경 농산물을 재배하면 영월 농산물의 브랜드 가치도 덩달아 상승한다. 영월도 지역의 문화 공간인 박물관들을 어떻게 산업화와 연관시키느냐에 따라서 지역 발전의 향방도 결정될 것이다.

세계로 뻗어가는 동강국제사진제

사진은 역사를 기록하는 증인으로서 세상과 통하는 중요한 의사소통의 도구이다. 영월은 어느 곳에도 견줄 수 없는 자랑스러운 자연과 문화유산을 가지고 있다. 영월군은 2001년 9월 국내 최초로 사진마을 선포식을 가진데 이어 2002년부터 매년 여름철에 우리나라 사진 사상 최대 규모의 '동강국제사진제'를 개최하고 있다.

영월군이 주최하고 동강사진마을운영위원회가 주관하는 동강국제사진제는 프랑스의 아를르사진페스티벌이나 파리의 사진월간Mois de la Foto, 일본의 히가시카와쵸 국제사진페스티벌에 못지않은 국제적인 사진축제 행사로 자리매김했다.

2010. 11. 04 영월군 히가시카와 문화교류협정 조인식

2009년에는 축제 기간 동안에 프랑스 작가들의 작품을 전시했고, 2010년에는 독일작가 10명의 작품으로 전시회를 여는 의미 있는 시간도 가졌다. 지난 축제 때에 축제 현장을 돌아본 대구 비엔날레 사진조직위원장은 '자치단체에서 이렇게 짜임새 있게 사진 행사를 하는 것은 처음 보았다.'면서 동강국제사진제를 높이 평가해주었다.

영월군은 2010년 11월 4일 일본 홋카이도의 히가시카와정東川町에서 마츠오카 이치로 정장 외 관계자들과 만나 교류 활성화 방안을 위한 문화 교류 협정 조인식을 가졌다. 홋카이도 내륙 중앙에 위치한 히가시카와정은 삿포로에서 150km 떨어진 인구 7,800여 명의 작은 도시인데 1985년 사진마을을 선포한 후 해마다 여름 한 달 동안 국제사진페스티벌을 개최하여 많은 사진 동호인들이 축제장을 찾아오도록 하고 있다.

이번에 문화 교류 협정을 체결함에 따라 영월군도 히가시카와정과 사진 교류의 폭을 넓혀감으로써 향후 국제적인 사진마을로 거듭날 수 있는 발판을 구축한 셈이다. 영월에는 2005년 7월에 개관한 지하 1층, 지상 2층 규모로, 3개의 전시실과 야외회랑 및 다목적 강당, 사진 체험실 등을 갖춘 국내 최초의 동강사진박물관이 있다.

비록 사진예술에 관한 지역의 역사는 짧지만 영월도 앞으로 군민들이 함께 할 수 있는 문화도시, 사진도시로 가꾸면서 사진을 통해 세계를 동강의 품안으로 끌어안을 수 있는 새로운 역사를 만들어 나아가고 있다.

지역의 잠재력, 어떻게 활용할 것인가?

영월군에는 지역에 매장된 광물에 대해 전문적이고 체계적인 조사를 하거나 사업 타당성 분석을 할 수 있는 전문 인력과 재원 등이 없다. 따라서 지역에 어떤 광종이 매장되어 있고, 매장량은 어느 정도인지를 조사 분석하려면 전문가 집단인 한국광물자원공사의 힘을 빌려야 한다.

강원도와 영월군 및 한국광물자원공사는 2010년 1월 영월군청 상황실에서 '녹색 에너지 소재 산업 육성을 위한 광물자원 공동개발 업무협력 양해각서'를 체결했다. 자치단체들은 환경에 대한 부담 탓에 광산개발 자체를 꺼리는 경향이 있다.

내가 처음 지역의 광물자원에 대한 조사 제안을 하자 한국광물자원공사도 처음에는 의아하게 생각했다. 그러나 요즘은 환경법이 강화되고 피해방지 대책도 거의 완벽할 정도로 해놓고 개발하기 때문에 그리 문제될 것은 없다.

2009년 이명박 대통령이 강원도를 방문했을 때 '영월에는 규석이 많으니 대통령께서 폐광지역인 영월군에 신소재 산업이 육성되도록 도와주시면 지역 균형 발전이 이루어 질 수 있을 것'이라고 즉석에서 건의했다. 그러자 이 대통령도 배석한 지식경제부 장관에게 '영월군수가 건의한 R&D산업은 검토가 아니고, 해보겠다고 하니 잘 도와주세요.'라면서 내게 힘을 실어주었다. 이후 지식경제부의 도움으로 심의를 마치고 지금은 플랜트를 설치 중에 있다.

한국광물자원공사는 영월 규석이 경제성이 있다고 보지만 업계에서는 순도가 99% 이상 나오지 않으면 개발이 어렵다고 난색을 표한다.

우리나라는 중국산 규석을 수입해서 폴리실리콘을 만든다. 그러나 요즘은 중국이 원료 수출을 규제하는 바람에 폴리실리콘의 원료인 메탈실리콘을 확보하는 데 어려움을 겪고 있다.

이때에 영월에서 경제성 있는 원료가 생산되어 신소재 산업의 육성이 가능해진다면 일자리도 창출하고 새로운 지역 발전의 전기도 만들 수 있다. 영월에는 몰리브덴, 텅스텐, 실리콘, 마그네슘, 백운석 등 산업 발전에 꼭 필요한 부존자원들이 많다.

영월에는 철도가 있고, 전기가 있고, 원석이 있다. 그리고 여기서 나오는 부산물을 처리할 수 있는 시멘트 공장이 있다. 그래서 이런 자원을 산업과 연계해서 맞춤형 기업을 유치해보자는 것이다. 이러한 전략이 잘 맞아 떨어지면 신소재 산업은 많은 일자리를 창출하면서 영월은 광산이 부흥했던 시절보다 더 좋은 모습으로 발전할 수 있다.

지역의 발전은 결국 우리 지역의 자원과 잠재력을 어떻게 가꾸고 다듬어서 부가가치를 창출하느냐에 달려 있다. 이는 영월군민들이 바라는 것이고, 이러한 희망을 만들어주면서 미래 가능성을 열어주는 것이 단체장이 해야 할 몫이다.

영월읍 금강정에는 우리 군민이 자랑하는 또 하나의 감성 자원이 있다. TV가 흔하지 않던 시절 강원 남부지역 주민들에게 각종 정보와 시사프로그램, 그리고 오락을 제공하던 KBS 영월방송국이다. 아쉽게도 지난 2004년 8월 5일자로 방송을 중단하고 직원도 철수했지만 군민의 마음속에는 아직도 살아있다.

2006년에 개봉된 이준익 감독, 박중훈, 안성기 주연의 영화 〈라디오 스타〉라면 모르는 사람이 없을 정도로 유명하다. 그런데 이 영화는 바로 KBS 영월방송국을 무대로 국민배우 안성기와 박중훈이 열연한 훈훈하고 감동 있는 멜로드라마로, 역경을 이겨내고 재기에 성공한다는 내용을 줄거리로 담고 있다.

이 영화의 흥행을 계기로 나는 전국적인 마케팅을 시작했다. 홍보물을 제작하고 촬영지마다 '라디오 스타 촬영지'라는 표지판을 설치하였다. 도시 아파트 벽면에는 두 배우의 따듯한 이미지를 살려 대형그림을 그려 넣었더니 유명한 촬영장소가 되었다.

고통과 아픔을 딛고 강인한 의지로 다시 일어선 성공한 사람들의 이야기는 언제 들어도 감동적이다. 우리는 그 속에서 희망을 발견하고 도전할 수 있는 용기를 얻는다. 살면서 무수히 부딪치는 벽 앞에서 부서지지 않고 새로운 길을 찾아 나서는 용기와 실천력이야말로 우리가 앞으로 지켜나가야 할 덕목이 아닐까.

긍정적 사고가 중요하다

컵에 물이 반 정도 있을 때 '물이 반밖에 없다.'고 생각하는 것과 '아직도 물이 반이나 남았다.'고 생각하는 것은 천양지차다. 나는 아침에 눈을 뜨면 현장을 다니면서 작은 일들부터 챙긴다. 5시 40분쯤 대문을 나와 지역을 돌아다니면서 들은 군민들의 고충들은 출근하는 즉시 해당 부서 담당자에게 넘겨 방법이 없는지, 해결책을 찾아보라고 주문한다.

한 번은 얼굴에 커다란 혹이 있는 주민을 만났다. 혹에 눌려서 잠을 제대로 못자고 호흡곤란으로 어려움을 겪고 있었다. 대화를 해보니 가족은 없었지만 매우 성실한 사람이었다. 기초 수급 대상자였지만 스스로 자립하겠다는 의지로 산불감시 업무를 하고 있었다.

그런데 혹에 대해서는 본인도 불치의 병으로 생각하고 포기한 상태였다. 그의 혹을 보는 순간 고칠 수도 있을 것이라는 생각이 들었다. 마침 서울대병원 강남센터가 남면에서 무료 진료 중에 있어 관련 직원을 통해 '서울대 병원에 무료 진료를 받을 수 있게 알선해 보고 수술이 가능한지도 알아보라.'고 주문했다.

사연을 전해들은 서울대 강남센터 원장은 '환자의 얼굴 주위에 있는 혹이 워낙 크다.'는 말에 호기심이 발동했는지 '수술을 꼭 해보고 싶다.'는 의견을 보내왔다. 3개월 후 병원 측의 배려와 강원랜드에서 후원을 받아 혹을 반으로 줄이는 수술에 들어갔다. 1차 수술은 성공적으로 끝났고 그는 '혹의 일부가 제거되면서 호흡도 편하고 잠도 잘 잘 수 있어 세상에 다시 태어난 것 같다.'면서 환한 표정을 지으며 지금은 더욱 열심히 살고 있다.

한편 혹 수술을 받은 사연은 KBS 〈사랑의 리퀘스트〉에 방영되어 수술비 전액을 지원받게 되었다. 여러 가지로 도와주신 서울대병원 강남센터 조상헌 병원장님을 비롯한 관계자 여러분과 KBS 사장님 그리고 〈사랑의 리퀘스트〉 스태프들에게 이 지면을 통해 감사를 드린다. 이 일은 주민의 작은 불편, 사소한 어려움도 그냥 지나치지 않고 정성을 다해 해결하는 것이 단체장이 해야 할 중요한 본분임을 깨닫게 해준 사례였다.

단종의 무덤인 장릉

물무리골

유네스코 세계문화유산에 등재된 영월 장릉은 조선의 제6대 임금 단종이 잠들어 계신 곳이다. 장릉의 위쪽에 위치한 자그마한 계곡인 물무리골은 생태적 가치가 양호하게 잘 보전되어 있는 살아있는 생태의 보고寶庫이자 문화재 보호 구역이다.

물무리골은 어릴 적에 소풍을 다니던 추억의 장소였다. 그런데 언제부터인가 이곳에 들어가지 못하게 펜스로 막아놓았다. 나는 희귀한 야생화와 반딧불 등 훌륭한 생태 자원들이 있는데 이를 활용하지 않는 것을 이해할 수 없었다.

물무리골에 들어오면 공기가 정말로 좋다는 것을 실감한다. 실제로 여기에서 아토피, 비염이 깨끗이 나았다는 사람들도 많이 만났다. 여름철 이곳에서 날아다니는 수십만 마리의 반딧불을 보면 탄성이 절로 날 정도다.

나는 문화재청을 방문하여 '오히려 이곳을 개방하면 물무리골 생태학습원 관리가 더 잘 될 수 있다.'면서 경기도 구리시의 동구릉을 사례로 제시한 뒤에 생태학습원 제안서를 제출했다. 마침내 문화재청의 승인을 받아 이곳을 개방된 생태·체험교육장으로 꾸미자 각계에서 고맙다는 글이 인터넷 홈페이지로 쇄도하는 것을 보고 보람을 느낄 수 있었다.

세 번째 긍정적 사고의 사례로 영월 방절저류지사업 추진을 들 수 있다. 영월읍은 동강과 서강이 합수하는 곳이나 매년 여름철이면 많은 수해를 입는다. 특히 서강물이 빠져 나가지 못해 남면 연당지역과 청령포 일대가 침수되기 일쑤였다.

마침 전국에서 4대강 사업이 한창 추진 중에 있었다. 방절저류지사업장에 물길을 만들기로 하고 수차례 관계부처에 건의하였으나 중앙부처는 거들떠보지도 않았다. 그래도 포기하지 않고 있다가 한승수 국무총리가 방문했을 때 이를 다시 건의하여 방절저류지사업을 추진할 수 있었다.

이제 1년 후면 이곳에 홍수를 방지하는 저류지를 겸한 훌륭한 수변공원이 탄생할 수 있게 된다. 나는 이처럼 긍정적 사고를 통해 해결하려고 하는 의지를 갖고 이를 행동에 옮기면 일은 얼마든지 풀리고 해법을 찾을 수 있다고 확신한다.

농민을 위한 행정 서비스, 농기계은행

영월군이 운영하고 있는 농기계은행 제도는 농촌 현장을 돌아보던 중 농민들이 농기계를 구입하려고 빚까지 내고, 이를 보관하려고 비닐하우스를 짓는 등 불필요한 돈을 이중 삼중으로 낭비하는 것을 보고 안타까움을 느끼다가 농민들의 농가 부채 부담을 덜어주기 위해 도입한 제도다. 나는 군수에 당선되자마자 농기계은행을 설립하고 농기계를 신속하게 배달할 수 있는 시스템을 갖추기 위한 조례를 제정한 뒤 이의 실천에 발 벗고 나섰다.

처음에 농기계은행 제도를 시행하겠다고 하자 지역에서는 말들이 많았다. '전형적인 전시행정의 표본'이라는 비판과 함께 '9시에 출근해서 6시에 퇴근하는 공무원들이 도대체 무슨 수로 새벽 6시에 농기계를

대여해 주고, 밤늦게 현장에서 농기계를 회수할 수 있겠느냐?'고 회의
적인 눈으로 바라보는 것이었다.

나는 '왜 무조건 안 된다고 하느냐, 공무원들도 할 수 있다. 잘못 되
면 내가 책임을 지겠다.'면서 농기계은행을 설립하여 각종 농기계를 확
보한 뒤에 현장에 농기계를 가져다주기 시작했다. 공무원들이 농기계
를 싣고 영농 현장까지 가려면 늦어도 새벽 5시 전에는 출근해야 한다.

나는 이렇게라도 하지 않으면 농촌의 비전을 세울 수 없기에 이 사
업을 강력하게 밀고 나갔다. 1년에 몇 번 사용하지 않는 500만 원,
1,000만 원짜리 농기계를 농민들이 각각 구입한다면 한국의 농업은 경
쟁력을 갖출 수 없다는 판단이 섰다. 따라서 농기계만큼은 행정기관에
서 대여 서비스를 해줘야 농촌을 살릴 수 있다는 확고한 신념에서 취
한 조치였다.

영월군이 농기계은행을 운영하자 농민들의 반응은 폭발적이었다.
그 결과 영월군은 2010년 현재 436대의 농기계를 1,230가구의 농가에
1,513회에 걸쳐 대여하여 1,152.7ha의 면적을 경작하도록 도와줌으로
써 연간 30억 원의 영농 경비 절감 효과를 거둘 수 있었다.

당시 김재수 농촌진흥청장(현 농림식품부 제1차관)은 '대한민국을 다
돌아다녀 보았지만 영월군처럼 이렇게 농기계를 조직적으로 현장까지
서비스해 주는 곳은 처음 봤다.'면서 제도의 성공적 시행을 극찬해 주
기까지 했다.

요즘은 젊은 귀농인들이 속속 늘어나고 있다. 이분들이 원하는 장비
를 원스톱 서비스로 현장에 갖다 준다면 편리하게 사용하고 부담도 덜

어주기 때문에 우리의 농업도 경쟁력을 갖출 수 있다.

농촌 지역의 고령화가 현재와 같은 속도로 진행된다면 농촌에는 젊은 인력이 없어 농기계를 작동하는 것도 힘들 수밖에 없다. 따라서 자치단체는 신규 사업으로 농기계를 조작하는 서비스까지 도입하여 농업인의 경제적 부담을 덜어줄 필요가 있다.

영월군은 전국 제일의 농기계 임대사업을 통해 타 시도 농가 및 관련 기관단체의 벤치마킹 대상이 되고 있다. 이를 통해 영월의 선진 농업 이미지 제고에도 한몫했다는 평가를 받고 있다.

남들이 하지 않는 2%가 승부를 결정짓는다고 한다. 남들이 다 걸었다고 생각할 때 한 걸음 더 나아가고, 다른 사람이 가지 않는 2%를 더 가는 것이 마지막 승부를 결정짓는다. 나 역시 남들이 하지 않는 2%를 찾기 위하여 오늘도 최선을 다하고 있다.

살아있는 행정을 해야 한다

나는 비가 많이 오면 농촌 들녘에 자주 나간다. 그곳에서 농민들을 만나 어려움이 없는지 물어보고, 혹시 불편한 것은 없는지 점검해서 읍면에 알려주기도 한다. 현장을 돌아보는 것이 군정에 효과적이라는 사실은 주민들의 반응만 보아도 금방 파악할 수 있다.

주민들은 자신들이 문제를 제기하기에 앞서 군수가 먼저 현장을 돌아보고 직원들을 보내 문제를 해결하려는 모습을 보면서 세세한 것까지 챙겨준다는 사실에 매우 고마워한다.

박선규 영월군수

행정은 이렇듯 현장행정을 해야 한다. 현장에서 주민의 목소리에 적극적으로 귀를 기울이고 신속한 의사결정을 내려야 주민들이 만족해한다. 공무원들이 일을 하면서 보람과 긍지를 느낄 때 주민들에게 감동 행정을 펼칠 수 있다. 실제로 새벽에 현장을 직접 돌아보고 직원들을 배치시키는 것이 주민들의 제보를 받고 조치를 취하는 것보다 효과가 크며, 주민들도 공무원들을 더 신뢰하게 된다.

지난 추석 때에도 비가 많이 내리는 바람에 영월군청 직원들이 고생을 많이 했다. 9시 저녁뉴스에서 전국 곳곳에 물난리가 났다는 보도에 심각성을 느끼고 사무실에 나와 전 직원 비상을 걸었다. 이때 필요한 양수기, 포클레인 등 장비를 먼저 투입하고 응급조치를 하는 등 주민 안전과 피해를 최소화하려는 노력 덕분에 군민들의 고통을 덜어줄 수 있었다.

추석 전날이었음에도 군수가 먼저 현장에 나타나 군부대 병력, 소방대의 지원을 받아 수해 잔재를 없애고 자원봉사자들이 나서 청소, 빨래 등을 해주자 군민들은 고마워하는 표정이 역력했다. 그런데 일을 해도 타이밍을 놓쳐서 주민들의 불만 여론이 팽배할 때 행동에 옮기면 공무원들은 똑같은 고생을 하고도 오히려 욕만 실컷 먹기 일쑤이다.

한 번은 두 번씩이나 침수된 가옥을 찾아갔더니 그 집 자제분 중 한 분이 공무원들을 향해 심한 항의를 하고 '군에서 잘못한 것이니 군수가 책임을 져야 한다.'면서 언성을 높이고 있었다. 그때 아버지가 자제분에게 '군수에게 그렇게 말을 함부로 하느냐?'면서 야단을 치는 것을 보고 다음날 다시 아버지를 찾아가 '고맙고 정말 죄송하다. 항구 대책을 마련하겠다.'라고 인사를 한 적이 있다.

행정을 하다보면 욕도 많이 먹게 된다. 주민들을 100% 만족시킬 수 있는 대책을 만들어 낸다는 것은 쉬운 일이 아니다. 나는 직원회의를 할 때마다 '주민들은 행정을 불신할 때가 많다. 따라서 이런 점들을 감안해 최대한의 대책을 가지고 임해야 한다.'고 주문한다.

주민 욕구는 너무나 복잡하고 다양하기 때문에 이를 다 수용하기는 어렵다. 따라서 행정은 무엇보다도 미리 준비하는 마음가짐이 중요하다. 실증적 증거를 통하여 예측을 하고 대책을 세워서 주민들의 욕구를 해결하는 행정이 되어야 하는데 대부분의 경우 그러지 못해서 안타까울 때가 많다.

저녁 먹고 과외 받고 택시로 귀가하는 학생들

시골에 살면 가장 취약한 것이 교육 혜택이다. 그래서 여유가 있는 사람들은 자녀들이 중학교에 입학할 나이만 되어도 대도시로 유학을 보낸다. 그러니 지역의 인재를 양성하기가 쉽지 않다.

나는 2006년 군수 선거에 출마하면서 교육을 특성화시키겠다는 공약을 했다. 그리고 군수에 취임한 이후 2007년 교육경비 보조에 관한 조례 제정과 2008년 학교급식 지원에 관한 조례 제정, 학교 수도요금 감면을 위한 수도급수조례 개정, 2010년 기숙사 지원을 위한 교육경비 보조에 관한 조례 개정을 마치고 2008년부터 지금까지 해마다 30억 원에서 34억 원의 교육경비를 지원해 주고 있다.

교육의 특성화는 지역 실정에 맞는 교육 프로그램을 만들어 주는 것이다. 시골 지역의 경우 원어민 교사들은 정부 지원금이 너무 적어 오기를 꺼린다. 영월군은 교육지원청과 협의하여 부족한 부분을 지원하고 방과 후 교사수당도 지원해 주고 있다.

또한 인근의 군부대 병력 중 명문대 출신 병사를 활용해서 방과 후 프로그램에 참여할 수 있도록 연대장에게 협조를 요청했다. 마침 장병 중에는 미국 일리노이 주립대학 재학생을 비롯하여 서울 강남의 학원 강사 등 사범대 출신 장병들도 있어서 이들을 영어·수학 과외교사로 활용하고 있다.

시골 학생들의 등하굣길 거리는 10~20리나 된다. 아침에는 부모가 태워줄 수 있지만 야간학습을 마치고 돌아오는 밤 시간까지 태워주기에는 여러 가지로 어려움이 많다. 그래서 영월에 사는 농촌 지역 아이들에게는 군에서 예산 지원을 통해 저녁식사도 무료로 제공하고 집으로 돌아갈 때에는 택시로 집 앞까지 태워다 주고 있다. 그러자 학교 관계자와 학생들은 물론 부모와 택시회사들도 모두 흡족해 하고 있다.

교육에 대한 전폭적인 지원은 아이들의 학업성취도 향상으로 이어졌다. 그 결과 교육과학기술부가 처음으로 발표한 초·중·고교 학업성취도 평가에서 강원 영월의 성적은 전국 최상위권으로 나타났다. 초등 국어에서는 '보통학력 이상' 비율이 91.4%로 서울 강남의 90.8%를 제치고 전국 1등을 차지했다.

2008년부터는 전국 최초로 초등학교 6학년과 중학교 3학년 학생들을 상급학교 입학하기 전에 1개월간 선행 학습을 위한 지원을 해주어

상급학교 진학에 따른 적응과 일정 수준의 학습을 유지하게 하여 전국적인 벤치마킹 대상이 되기도 했다.

2010년도 11월에는 교육과학기술부 주최 한국교육개발원, 삼성꿈장학재단, 중앙일보가 공동으로 주관한 방과 후 학교 대상에서 자치단체 부문 우수상을 수상했다.

교육은 결국 관심과 투자의 산물이라고 생각한다. 선생님들이 학생들을 얼마나 잘 아는지가 좋은 학교의 기준이 될 수 있다. 아이들에게 얼마나 많은 사랑과 열정을 갖고 얼마나 많은 관심을 쏟는지가 중요하다. 지역에서도 선생님들이 아이들을 위하여 헌신할 수 있는 분위기를 조성해 주고 격려해 준다면 보다 많은 인재가 배출될 수 있을 것이다.

보편적인 교육으로 시골의 교육을 특화시킬 순 없다. 그러기 위해서는 뭔가 달라져야 한다. 그래야 교사들도 열정이 생겨 아이들에게 하나라도 더 가르쳐 주려고 애를 쓰게 된다. 이 같은 노력 덕분인지 이젠 영월에서도 해마다 2~3명의 학생들이 서울대학교에 진학하고 있으며 서울 지역 명문대학 진학률도 갈수록 나아지고 있다.

고교생 성적도 전체적으로 많이 좋아졌다. 종전에는 성적이 우수한 아이들은 원주, 춘천, 강릉으로 갔지만 이제는 대부분 지역 내 고등학교로 진학을 한다. 영월고와 영월공고, 주천고와 석정여고에 기숙사 건축과 기숙사비 일부를 지원해 주자 성적이 우수한 학생과 외지에서 온 학생들이 기숙사를 이용하면서 학업에 열중하고 있다.

행정에서 교육을 지원하고 군민들이 교육에 관심을 갖자 아이들도 자신감을 찾고 있다. 요즘 군수에게 인사를 하는 학생들이 많아진 것도 서로 간의 신뢰와 공감대가 형성됐기 때문이라고 생각한다.

영월군은 장학금 기금으로 100억 원 조성을 목표로 추진하고 있으며 현재 58억 원을 넘어섰다. 서울대에 입학하면 4년간 장학금을 지원해 주는데 현재 10명 정도가 혜택을 받고 있다. 100억이 조성되면 연·고대 까지 확대할 계획이다. 영월 지역 학생들은 영월장학회의 장학금을 통하여 꿈과 희망을 키우고 미래의 성장 동력으로 한없이 커나갈 것이다.

스토리텔링이 관광객을 부른다

영월을 몇 년 만에 방문하는 사람들은 시가지 입구에 들어서면서 달라진 모습들을 보며 영월이 바뀌고 있음을 실감한다고 한다. 나는 최근에는 영월 시가지로 들어오는 국도변 입간판에도 평범한 영월 주민들의 사진을 크게 걸어놓으면서 영월의 새로운 모습을 보여주고 있다.

시가지 정비 등 도시계획사업을 할 때에도 주민들의 삶의 질을 높이기 위해 도시 곳곳에 문화 공간을 조성하여 품격 있게 바꾸어 나가고 있다. 동강변에 제방 공사를 할 때에도 성곽형 가드레일을 설치하고 일정 부분을 성곽과 테라스로 꾸며서 삼국시대 군사 요충지인 왕검성의 의미를 부여했다.

그리고 어릴 적 냇가에서 고기를 잡을 때 사용했던 작살, 보쌈, 어항, 족대와 같은 조형물들을 만들어 놓았더니 지나던 사람들이 이곳에서 향수를 느끼며 기념사진을 찍는 명소로 바뀌고 있다.

탄광이 흥했던 시절에 먹자골목으로 유명했던 요리골목에는 문광부에서 공공디자인 산업 공모로 받은 1억 6,000만 원의 예산으로 과거, 현재, 미래를 아우르는 테마를 만들어서 광부의 옛 모습, 고부간의 사진, 아이들이 노는 모습과 안도현 시인의 시도 새겨 놓았다.

주민들이 그린 그림과 삽화도 넣고 있다. 처음에는 '지역경제에 무슨 도움이 된다고 쓸 데 없는 짓을 하느냐?'는 지역의 반발 여론도 만만치 많았다. 그러나 주민들을 설득시켜 선진지 견학을 보내고 '도시를 바꿔야 시장도 활성화가 된다.'면서 상가나 아파트 빈 공간에도 인기스타 안성기와 박중훈의 사진을 그려놓고 벽면을 도색해서 밝은 모습으로 꾸몄다.

시내가 조금씩 달라지고 인터넷을 통해 이런 내용들이 알려지면서 영월 시가지가 관광코스로 바뀌고 있다.

또 시가지 절개지에 폭포를 만들고, 별마로천문대가 있는 별의 고장임을 이미지화한 별자리를 설치하자, 삭막했던 밤 분위기가 달라졌다. 문화예술관 앞도 마찬가지다. 전에는 주차장으로 사용되어 도시 미관을 해치고 지저분하기 짝이 없었는데 이곳에 광장을 조성하자 문화예술관 주변에는 주민들이 오순도순 모여 담소도 나누고 주말이면 알뜰시장이 열리는 장터로 변모하는 등 전 주민으로부터 사랑받는 공간으로 바뀌었다.

수해가 난 동강대교를 재건설할 때에도 영월의 상징인 동강과 단종의 애절함이 잘 어우러지는 상징적 교량으로 꾸미자 주민들은 달라진 영월의 모습들을 피부로 느끼고 있다.

최근에는 도시의 아파트 곳곳에 공간마다 꽃도 그리고 동심을 느낄

상가와 아파트 빈 공간에도 인기스타 안성기와 박중훈의 사진을 그려놓고 벽면을 도색해서 밝은 모습으로 꾸몄다.

수 있게 도시를 예쁘게 단장하자 시내에만 들어와도 아기자기한 볼거리를 만날 수 있다. 도시가 깨끗하게 변화되고 볼거리가 생기는 등 지역마다 특화를 시키면 이것이 곧 관광 콘텐츠가 되면서 관광객들이 몰려오고 그러면 지역 경제도 자연스럽게 되살아난다.

한 번은 캐나다의 밴쿠버섬 벽화마을인 슈메이너스Chemainus를 방문한 적이 있었다. 그곳은 목재산업이 융성할 때는 인구가 2만 5,000명이나 되었다고 한다. 그러나 목재산업이 사양길에 접어들자 인구가 4,000명까지 줄어들었다. 당황한 주민들은 마을회의를 열고 대책을 숙의한 결과 마을을 예쁘게 꾸며서 사람들이 다시 찾아오는 마을을 만들자고 의견을 모았다.

먼저 그림을 잘 그리는 사람들이 마을 입구에 벽화부터 그렸다. 목재산업의 본산지에 나무를 심는 모습, 벌채하는 모습, 바닷가에서 고기를 잡는 모습들을 스토리를 만들어서 산뜻한 모습으로 새롭게 단장했다. 벽화가 채워지고 볼거리가 많아지자 관광객들이 몰려들면서 식당에도 사람들이 붐비고 숙박을 하는 사람들도 늘어났다. 내친 김에 지역을 알릴 광장을 만들고 축제를 개최하는 등 이벤트 행사까지 열자 관광객은 50~60만 명으로 늘어났고, 이곳은 목재산업에서 관광산업이 주가 되는 도시로 바뀌었다.

이렇듯 일이란 시도할 때 비로소 성과물이 나온다. 될까 하고 불안해 하기에 앞서, 일단 해야 된다는 판단이 섰다면 실행에 옮기는 일이 중요하다. 있는 자원을 최대한 활용하면 그것이 곧 관광자원이 되고 생태자원이 되면서 지역을 살찌울 효자 관광 상품이 되는 것이다.

단종과 노루에 대한 이야기가 담긴 노루조각공원

장릉의 노루조각공원에도 단종과 노루에 대한 이야기를 담았다. 단종이 승하하시고 시신이 동강에 버려지자 충신 엄흥도가 시신을 거두어 동을지산(지금 장릉)으로 가던 중 다른 곳은 눈이 덮여 있었으나 노루가 있던 자리는 눈이 녹아 있는 것을 보고 그곳에 몰래 암장하였다고 한다.

이를 토대로 전국적인 공모를 실시하여 조각품을 설치하고 스토리텔링을 가미하자 이곳은 훌륭한 관광지로 변모하면서 지금은 영월을 방문하는 관광객들이 모두 한 번씩 들르는 전국의 명소가 되었다.

어느 날 한 기자가 힐튼호텔의 창업자 콘라드 힐튼에게 성공 비결을 물었다. 그러자 힐튼은 자신의 옆에 있던 5달러짜리 평범한 쇠막대기를 집어 들면서 '이 막대기를 그냥 두면 아무 데도 쓸모가 없지만 말발굽을 만들면 10달러 50센트를 벌 수 있고, 바늘을 만들면 3,250달러를 벌 수 있고, 용수철을 만들면 250만 달러를 벌 수 있다.'고 했다.

힐튼은 똑같은 쇠막대기라 할지라도 어떻게 응용하고 활용하느냐에 따라서 그 부가가치는 확연히 다를 수 있다는 사실을 본능적으로 파악하고 있었던 것이다. 마찬가지로 스토리텔링도 상상할 수 없는 부가가치를 생산해내는 마력을 지니고 있다. 내가 지역의 작은 것 하나도 놓치지 않고 관광자원화 시키는 이유도 바로 여기에 있다.

찾고 싶은 영월, 살고 싶은 영월이 되려면

지붕 없는 박물관 창조도시, 영월을 만들려면 어떻게 해야 할까. 이를 위해서는 도시에 도로만 낼 것이 아니라 중간 중간에 문화의 향기 공간도 만들어야 한다. 이야기 거리, 별빛폭포, 광장문화, 이런 것들이 하나 둘씩 모아지면 지붕 없는 박물관이 형성된다. 그러면 찾고 싶은 영월 살고 싶은 영월의 밑그림도 그릴 수 있다.

영월에 읍면별로 작은 것부터 바꿔보자는 취지 아래 도시 미관에 점진적인 변화를 시도하자 지역 주민들이 이제는 안정감을 느끼고 있다. 작은 변화지만 어르신들은 이를 더욱 즐기고 있는 표정이다. 실제로 요즘 지역의 어르신들을 만나면 '군수님, 예뻐야 되죠?' 하면서 영월군이 추진하고 있는 작은 변화들에 대해 만족감과 함께 공감을 표시한다. 아파트 벽면에 꽃을 디자인해서 도시의 분위기가 달라지자 주민들도 스스로 치우면서 시가지를 깨끗하게 정비하는 등 참여 분위기도 더욱 높아졌다.

별마로천문대는 청소년들에게 꿈을 심어주는 최고의 장소이다. 나는 별의 도시인 영월 시내 공간마다 별에 대한 이미지를 심어주기 위해 시가지로 들어오는 관문과 공설운동장 벽면에도 십장생으로 별 모양을 그려놓았다.

도시 귀퉁이에 위치해 시야를 가리고 있던 경찰서장 관사도 서장의 협조를 받아 담장을 철거하고 그 자리를 아름답게 꾸미자 사고 위험도 줄어들고 주변 분위기도 훨씬 산뜻해졌다. 낡은 KT&G의 담장도 헐고 옹벽 부분도 별빛자리로 꾸몄다.

이처럼 미관을 저해하는 도시의 작은 부분들을 새롭게 디자인해서 바꾸면 사람들은 훨씬 더 정감을 느끼게 되고 시내의 모습도 한층 달라져 보인다. 오래되고 낡았다고 버리지 않고 현대적 여건에 맞추어 재활용하면 헌 것은 더 이상 버려져야 할 것이 아니라 새 것과 함께 동일한 가치를 가지고 선택될 수 있는 대상 가운데 하나가 된다.

동강국제사진제를 개최하는 기간 중에는 거리 설치 사진전을 열어 시가지를 갤러리로 조성했다. 거리 사진전은 축제의 분위기를 무르익게 하면서 주민들도 함께 사진을 공감할 수 있는 문화 축제로 변모시켰다. 시가지에 있는 벤치도 평범한 모양의 벤치가 아닌 멋진 벤치를 설치했다. 영월군청 잔디밭에도 그네 벤치를 설치하자 연인들이 찾아와서 그네를 타는 모습이 자주 눈에 띄고 있다. 이것도 작은 변화이지만 즐기는 사람들에게는 추억과 즐거움을 주고 있다.

주민들에게 '할 수 있다.'는 자신감을 심어 준 결과 주민들이 스스로 성공 사례를 만든 일도 있다. 영월 김삿갓면 모운동 마을은 폐광촌 마을로 폐 탄광촌 건물을 이용해 벽화를 그리고 문화 공간을 만들면서 아름다운 삶의 공간으로 재창조시켜 2008년도 행안부에서 주관한 '참 살기 좋은 마을' 대상을 차지했다.

또한 천혜비경을 자랑하는 국민의 강 동강변 둥글바위 마을은 40년생 청포도 나무를 주제로 백만 송이 청포도 마을을 조성하면서 마을 소득 증대에 기여한 공로로 2009년도에 대상을 받아 전국에 이름을 알리는 계기가 되었다.

찾고 싶은 영월, 살고 싶은 영월은 인간냄새가 나는 도시를 만드는 것이다. 우리는 그동안 철거 위주의 정비 방식과 새로운 것을 추구하는 개발 문화에 익숙해져 있었다. 그러나 생각만 바꾸면 돈을 크게 들이지 않고도 지역과 마을을 관광객과 주민이 원하는 휴식 문화 공간으로 얼마든지 가꿔 나갈 수 있다.

세계적인 박물관 도시를 꿈꾸며

영월은 한때 탄광과 영월화력발전소, 대한중석 상동광업소가 활기차게 가동되면서 상주 인구가 12만 명이 넘었던 적도 있다. 그러나 탄광이 폐광되고, 대한중석 영월광업소와 영월화력발전소가 문을 닫자 지역 경기는 내리막길로 치닫는 가운데 인구도 4만여 명으로 줄어들었다.

그로부터 30년의 세월이 흐른 지금 영월군은 박물관을 중심으로 2차 전성기를 준비하고 있다. 2008년 8월 '사립박물관 및 사립미술관 지원에 관한 조례'를 제정하고 그해 12월 전국 유일의 박물관고을 특구로 지정되면서 영월군은 박물관 사업 추진을 위한 준비를 모두 마쳤다. 개방형 박물관 구축과 박물관고을 마케팅 등 활성화 사업, 관련 상품 개발, 마을 개발 등 소득 연계 사업도 착실하게 진행되고 있다.

박물관 수도 점차 늘고 있다. 조선민화박물관에서 시작한 박물관 사업은 곰 인형을 전시한 베어가박물관에 이르기까지 20개의 박물관이 들어섰고, 술샘박물관과 동강생태정보센터, 목아한민족박물관, 만봉불화박물관 등 새로운 박물관들도 2012년까지 순차적으로 개관을 서두르고 있다.

영월군은 박물관고을 조성을 위해 2014년까지 72억 원 정도를 더 들여 명실 공히 박물관의 도시 특구에 걸맞은 체제를 갖춘다. 이에 앞서 영월군은 2009년 세계 국립대학 총장들이 참여한 가운데 유카위UCAWE 국제심포지엄 행사를 가졌다. 유카위국제심포지엄은 러시아 정부 및 문화계가 중심이 되어 전세계 42개국 국립대학 총장, 문화, 예술, 교육계 주요 인사들이 참여해 세계 문화, 예술, 교육 및 문화재산과 관련된 주제를 논의하는 국제회의다.

글로벌 시대에 글로벌 도시를 지향하려면 세계인들과 어깨를 나란히 해야 한다는 의미에서 시도한 첫 국제 행사였다. 그 결과 세계 유수의 학자들이 영월을 자세히 돌아보면서 우리가 미처 보지 못한 것과 생각하지 못했던 것들을 학술적으로 체계화하고 정립해주었다.

이를 토대로 박물관을 더욱 활성화시킬 수 있는 심포지엄을 갖자는 여론이 모아지면서 2011년 박물관국제포럼 행사를 준비 중에 있다. 이는 동강국제사진제, 박물관국제포럼을 번갈아 개최하여 영월을 세계속의 영월로 부각시키면서 세계적인 박물관의 도시로 나아가기 위한 포석이기도 하다.

박물관에 관한 인적 네트워크가 형성되면서 이곳에 접목시킬 수 있는 각종 아이디어들도 속속 모아지고 있다. 이제 영월은 폐광촌이라는 어둡고 암울한 이미지에서 벗어나 박물관고을 특구로 지정되면서 세계적인 문화예술도시로 탈바꿈하기 위한 자신감을 찾았다.

새롭게 찾은 아이템인 박물관의 도시 영월이 새로운 성장 동력으로 자리매김하려면 무엇보다도 박물관 관계자들과 공무원, 군민 모두가 하나가 되어 서로 소통하고 이해의 폭을 넓혀나가야 한다.

아울러 박물관을 통해서 세계인들이 즐길 수 있는 프로그램을 만들어 '영월 하면 박물관, 박물관 하면 영월'이라는 생각이 전 국민과 전 세계인들에게 각인되고 영월의 다양한 레포츠 기반을 통해 휴식, 건강, 예술, 문화를 즐길 수 있도록 꾸며야 한다.

박물관과 지역의 생태, 자연, 레포츠 기반이 씨줄과 날줄로 연계되어 시너지 효과를 낼 때 영월은 비로소 역사와 문화의 향기가 살아 숨 쉬는 세계적인 박물관의 도시로 자리매김할 수 있다.

지금 상당수의 자치단체들은 열악한 재정 수입과 줄어드는 국가 보조금 등으로 총체적인 어려움을 겪고 있다. 그러나 위기는 기회라는 말처럼 어려운 여건만 탓하기보다는 도전 정신이 필요할 때이다.

아무 것도 시작하지 않는 것보다 무엇이든 시작하는 것이 낫지만, 시작하려면 제대로 잘 시작해야 성과를 거둘 수 있다. 경제, 사회 패러다임이 바뀌는 상황에서 어제와 똑같은 시작, 낡은 시작은 또 다른 위기만 초래한다. 자치단체는 물론 개인도 미래를 준비하지 않으면 도태되거나 희생될 수밖에 없다.

결론은 창조 행정을 적극적으로 펼쳐 지역의 역량을 키워나가야 한다. 그러기 위해서는 외부의 도움 없이도 실현 가능한 독창적인 아이디어를 개발하고 중앙정부에 의존하지 않는 창조적인 자금 조달 프로그램을 입안해서 이를 정착시켜 나가야 한다.

다른 자치단체를 따라잡기보다는 비전, 상상력, 감성을 토대로 영월군을 세계와 경쟁하는 1등 도시로 만들어 나가야 한다는 생각에 나는 오늘도 다시 한 번 신발 끈을 동여매면서 대문을 나서고 있다.

박선규 영월군수

1957년 2월 9일 출생
강원도 영월

1969~1972   영월중학교 졸

1973~1976   영월고등학교 졸

2007~2009   세경대학 졸

2000~2002   지방행정사무관(영월군 주천면장)

2002~2005   지방행정사무관(영월군 산림환경과장)

2005~2005   지방행정사무관(영월군 문화관광과장)

2005~2006   지방행정사무관
(영월군 영월읍장–지방서기관퇴직)

2006~2010   정무직(前 강원도 영월군수–민선 4기)

2006~2010   군수대표
(前 민선4기 전국시장군수구청장협의회)

2006~2010   부회장(前 강원도시장군수협의회)

2010~   현재 정무직(강원도 영월군수–민선 5기)

경상북도 포항시 _ 박승호 포항시장

세계 일류도시 포항
영일만 르네상스를 꿈꾸며

나는 늘 꿈을 꾼다. 그리고 희망을 이야기한다.

영일만 기적을 일으키며 이 땅의 오늘을 견인한

위대한 52만 시민과 함께 만들고 싶은 포항이 있기에

꿈을 꾸고, 희망을 이야기하고, 맡은 바 소임에 신명을 다한다.

포항은 빛의 도시다. 빛은 꿈과 희망이다.

그래서 포항은 꿈과 희망의 도시다.

포항은 지금 우리나라 산업화를 이끈 지난 60년의 긍지로,

새로운 60년의 꿈과 희망인 영일만 르네상스 시대로 향하고 있다.

꿈꾸는 사람만이 미래의 주인이 될 수 있다.

포항공대와 포항 시가지 전경

유도로 호연지기를 기르던 청소년 시절

내 고향은 포항시 흥해읍 대련리 덕성마을이다. 전형적인 농촌이었던 덕성마을은 나의 10대 조부가 정착하면서 형성된 마을이다. 2남 5녀의 장남이면서 10대 종가의 장손으로 태어난 나는 집안의 기대를 한 몸에 받으며 자랐다.

나는 초등학교에 1년 일찍 입학했다. 두 살 위인 누나의 입학식에 어머니 손을 잡고 따라갔다가 '나도 학교에 가겠다.'고 고집을 부리자 마지못해 입학을 시켜준 것이다. 내가 다니던 학교는 산 고개 하나를 넘어야 하는 거리에 있었다. 그래서 친구들과 10리쯤 되는 등하굣길을 매일 뛰어다니다시피 했다. 중학교는 이보다 먼 15리쯤 되는 곳에 있었는데 매일 같이 산길을 걸어서 다녔다. 당시 연화재를 넘어가는 길은 비포장도로였는데 좁은 길 양 옆에 공동묘지가 있었고 밤이 되면 주변은 소름이 돋을 정도로 빛 한 줄기 없는 암흑천지였다.

특히 비가 주룩주룩 내리는 날이면 담력을 키우겠다는 생각에 일부러 학교에 남아 시간을 보내다가 어둠이 짙어지면 연화재 공동묘지의 산길을 헤치며 귀가하곤 했다. 지금 생각해도 그때 내 모습은 대견스럽기도 하지만 한편으로는 당돌했다는 생각도 든다.

포항고교 시절은 기백이 넘치는 생활을 했지만 반항심 또한 유별났던 시절이었다. 한 번은 두발검사에 걸렸는데 학생과장 선생님이 내 머리카락을 듬성듬성 잘라놓았다. 나는 그 길로 교내 이발소를 찾아가 머리는 물론 눈썹까지 밀어버리고 보란듯이 학교에 다녔다.

그러던 어느 날 나는 유도의 하얀 도복과 검은 띠에 매료되어 유도관에 나가기 시작했다. 그런데 이때 인연을 맺은 유도는 내가 어려울 때마다 힘과 용기를 불어넣어준 친구이자 동반자가 되었다.

무엇보다 유도는 내게 호연지기를 길러주었다. 흰 도복을 걸치고 호흡을 가다듬노라면 큰 기운이 내 몸속으로 들어오는 것을 느낄 수 있었다. 유도는 예禮로 시작해서 예로 끝나는 운동이다. 동양 사상을 배경으로 계승된 유도가 오늘날의 성장을 이룬 것은 예의를 중시했기 때문이다.

유도는 아무리 상대를 메치고, 누르고, 꺾고, 조르는 격렬한 상황에서도 상대의 인격을 존중하며 자기의 이성을 잃지 않고 몸과 마음을 바르게 수련하는 운동이다. 나는 아직도 내 인생의 밑거름이 되었던 유도와 깊은 인연을 이어가고 있으며, 현재도 유도 8단으로 한국실업유도연맹 회장과 대한유도회 부회장을 맡고 있다

새로운 세상에 눈 뜨게 한 군대생활

고교시절 유도에 흠뻑 빠졌던 나는 대학도 대한유도학교(현 용인대학교)를 선택했다. 그 당시 젊은 혈기와 왕성한 운동으로 다져진 우리들은 명동거리나 종로에서 최고로 잘 나가는 집단이었다. 당시는 어떻게 살아야 한다는 고민도 없이 멋대로 살던, 그야말로 호연지기가 과욕을 부리던 시절이었다.

대학 2학년을 마치고 육군에 입대했다. 복학 시기를 맞추기 위해 입대를 서두르는 바람에 1주일 만에 육군기술행정병으로 훈련병 교육을 마치고 육군사관학교 교장(육군 중장) 공관에 배치됐다. 얼마 후 육사교장이 대장으로 승진하여 한미연합사 부사령관으로 영전되자 나도 상관을 따라 용산에 있는 한미연합사로 근무지를 옮겼다.

나는 이때부터 우리나라 사회 지도층이 살아가는 모습을 두 눈으로 볼 수 있었다. 허세와 과욕으로 포장된 호연지기를 벗어나 진정한 의미의 호연지기를 배울 수 있었던 시기였다고나 할까. 당시는 하루하루가 충격의 연속이나 마찬가지였다. 나의 삶과 미래에 대한 상념들이 꼬리에 꼬리를 물고 스치기 시작했다.

사색의 시간이 늘어나면서 내 인생도 전환점을 맞게 됐다. 내 자신의 삶과는 동떨어진 별들의 세상을 경험하는 동안 미래에 대한 두려움이 엄습해 왔다. 제대와 동시에 대학 3학년에 복학하면서 나는 진정한 호연지기를 기르기 위해 공부에 전념하기 시작했다.

이때부터 내 생활과 취미는 오로지 공부뿐이었다. 어린 시절 할아버지께서 읽어주시던 진종황제 권학문勸學文을 떠올렸다. '책 속에 밭이 있고 책 속에 집이 있으니 밭도 사지 말고 집도 짓지 말고 오로지 공부를 열심히 하라.'는 글이었다. 이제 나의 주 종목이 운동에서 공부로 바뀐 것이다. 현재 미국의 UCLA 교수로 재직하고 있는 친구와 공부를 하자는데 의기투합했고 미국 유학을 위해 학업에 매진했다.

용인대학교 선배들 중에서는 미국으로 진출해 성공한 경우가 많이 있었다. 당시에 유명했던 삼육영어학원에서 14개월 어학과정을 이수하고 유학을 떠나기 위한 만반의 준비를 마쳤다. 그런데 아버지가 제동을 걸었다.

큰아버지가 일제 때 중국으로 건너가서 영영 돌아오지 않는 바람에 3대 독자가 된 아버지는 나도 미국에 건너가면 영영 돌아오지 못할 것으로 알고 극구 말린 것이다. 아버지의 완강한 뜻을 거역할 수 없어 모 제약회사에 영업직 사원으로 취업을 했다. 그러나 영업에 전혀 흥미를 느끼지 못해 두 달 만에 직장을 그만 뒀다.

연세대학교 교육대학원에 다시 입학해 주경야독의 시간을 보내고 있을 무렵 군에서 인연을 맺었던 모 선배를 만나 진로 문제를 상담했더니 모 신문사 간부에게 나를 소개해주었다.

신문사를 방문하여 그 간부와 이런 저런 얘기를 나누던 중 우연히 그 신문에 대문짝만하게 실린 '서울올림픽조직위원회 직원공채' 모집 공고를 보고 이에 응시하기로 했다. 1차 20대 1의 높은 경쟁률을 뚫은 나는 1차 관문을 거쳐 선발된 98명 중에서 영어회화와 실기 시험을 거쳐 당당히 최종 합격자 명단에 포함될 수 있었다.

박승호 포항시장

서울올림픽, 노태우 조직위원장과의 만남

올림픽조직위원회 기획실에 배치된 나는 위원총회와 집행위원회 업무를 맡았다. 당시 올림픽조직위원회는 김용식 전 외무부장관이 위원장을 맡아 이끌어가고 있었으나 회의 자체는 늘 정족수가 미달되어 정상적으로 운영이 되지 못하고 있었다. 이 때문에 올림픽 준비가 차질을 빚을 것이라는 우려가 여기저기서 터져 나왔다.

이런 분위기를 감지한 전두환 대통령은 정권의 2인자로 통하던 노태우 내무부장관을 조직위원장으로 임명했다. 권력의 실세가 조직위원장을 맡자 위원총회와 집행위원회의 분위기는 180도 달라졌다.

더 이상 회의 참석을 독려할 필요도 없었다. 그저 통보만 해도 장관들은 꼬박꼬박 회의에 참석했다. 노 위원장의 부임 덕분에 그간 쌓였던 스트레스와 마음고생이 한 순간에 날아가는 듯했다.

그러던 어느 날 총무국에서 요직 요원을 선발하기 위한 인선 작업을 시작했다. 영문도 모르고 이리저리 불려 다니며 면접에 참여했다가 인선의 윤곽이 좁혀진 뒤에야 노 위원장의 수행비서관을 선발하고 있다는 사실을 뒤늦게 알게 되었다. 나는 인선 결과를 통보받고 완강하게 거부했다.

비서 업무는 체질에 맞지 않을 것 같았고 현재 하는 일이 너무 재미있었기 때문이었다. 그러나 총무국장을 비롯한 간부들의 계속되는 독려에 더 이상 버틸 수 없었다. 갑작스런 결정에 마음의 준비가 전혀 없었던 나는 일주일간의 휴가를 얻어 친구와 함께 덕유산 일대를 여행하면서 혼란스런 머리를 정리했다.

산행은 나에게 많은 생각과 교훈을 주었다. '인생은 기회로 가득 차 있다. 기회는 자기 자신이 만들어 내는 것도 있지만 운명처럼 주어지는 경우도 있다. 그 기회를 잡느냐 못 잡느냐는 순전히 자신에게 달려 있다.'는 생각이 들었다. 노 위원장의 비서관을 맡기로 결심하고 휴가를 끝내고 곧장 노 위원장에게 인사를 드리러 갔다.

"고향이 어디냐?"

"경북 영일입니다."

"촌놈이구먼, 나하고 같이 고생 좀 하자."

그는 빙그레 웃으면서 부드러운 눈빛으로 나를 응시했다. 나는 순간 그의 권위와 명성에 완전히 압도당하고 말았다.

"노 위원장님을 모시는 것을 영광으로 알고 앞으로 최선을 다하겠습니다."

나는 그날부터 한번도 경험하지 못한 수행비서라는 새로운 분야에서 일을 시작했다. 당시 노태우 위원장의 육사 출신 수행비서관과 함께 연희동 사저에서 일주일간 숙식을 하며 수행 업무를 인수받았다.

나는 이 기간 동안『중용』의 가르침을 떠올리며 스스로에게 다짐했다. '부하를 업신여기는 상사가 못마땅하듯이, 부하는 결코 상사를 끌어내리지 말자. 위로 하늘을 원망하지 말고, 아래로 남의 허물을 들추지 말자. 평온한 마음으로 명령을 기다리는 비서가 되자. 모든 잘못은 먼저 내 자신에게서 찾는 사람이 되자.'

권력의 그림자가 된 8년여의 영욕榮辱

서울올림픽을 향한 노태우 위원장의 열정과 의지는 대단했다. 1983년 9월 대한항공KAL 여객기 격추 사건 등으로 한때 서울올림픽 개최지 변경 논란이 들끓는 등 국제 여론이 악화되었다. 그러자 노 위원장은 세계 각국을 찾아 설득 작업을 하는 등 외교 역량을 유감없이 발휘해 서울올림픽 개최지 논란을 마무리 지었다.

이렇게 서울올림픽의 기반을 다진 노 위원장은 1985년 민주화를 요구하는 학원사태 등으로 시국이 혼란에 빠지자 정국 안정이라는 새로운 임무를 띠고 집권당인 민주정의당 대표위원으로 자리를 옮겼다. 나 또한 이때부터 노 대표를 따라 민정당 파견 근무를 시작했다.

권력자들 사이에서는 오직 힘에 의해서만 신의가 지켜진다고 했던가. '세상을 움직이는 비결은 하나밖에 없다. 그것은 강해지는 것이다. 이유는 힘 속에는 오류도 착각도 없기 때문이다.'

나폴레옹의 명언이 실감날 만큼 노 대표 주변은 항상 사람들로 들끓었다. 집권당 대표는 각종 회의에 참석하고 수많은 인사들을 만난다. 이런 일정은 수행비서들에게는 살인적인 일과나 다름없었다. 심지어 이발과 목욕도 노 대표와 같이 해야 했다. 어느새 나는 노 대표의 그림자가 되어 있었다.

그러자 당시 내로라하던 정치인들이 내게도 꽤 신경을 쓰는 눈치였다. 나는 사실 노 대표와 이런 저런 이야기를 자유롭게 나눌 수 있는 입장이었고 그것은 수행비서만이 갖는 특권이기도 했다.

하지만 수행비서는 자기 역할을 잊고 절대 오버해서는 안 되는 자리

포항을 대표하는 기업, 포스코의 야경

다. 업무 특성상 늘 긴장해야 하고, 무거운 입과 성실한 업무처리를 기본자세로 삼아야 한다. 조그만 실수도 엄청난 결과를 초래할 수 있기 때문에 자기절제를 철저히 해야 하는 자리였다.

나의 입장이 이렇다 보니 에피소드도 많았다. 종가의 장손이 서른을 넘자 집안에서는 장가를 들라는 성화가 이어졌지만 연애는 고사하고 맞선 볼 시간도 없었다.

하루는 친한 선배가 연희동 부근에서 수학 담당 여교사와의 맞선을 주선했다. 마침 노 대표도 일찍 귀가했기에 약속장소인 라마다 올림피아 호텔로 한걸음에 달려갔다. 가벼운 대화를 나눈 후 식사를 하려는데 연희동에서 노 대표가 찾는다는 연락이 오는 바람에 제대로 식사도 못하고 헤어져야 했다.

1987년 6·29선언으로 정국의 흐름을 주도한 노 대표는 그 해 12월 직선제 대통령에 당선되었고 1988년 2월 25일 대한민국 13대 대통령으로 취임하면서 제6공화국 시대를 열었다. 나는 취임식을 마친 노태우 대통령 내외를 모시고 대한민국 1호차를 타고 청와대로 입성했다.

취임 초기 청와대 내에서 노 대통령을 지근거리에서 모셨던 사람은 이 비서관과 나 둘 뿐이었다. 나는 이 비서관과 함께 청와대로 들어갈 때에도 '떠날 때를 생각해서 행동을 조심하자.'고 다짐했고 그런 자세로 일했기에 떠날 때에도 한 점 잡음과 구설수 없이 당당하게 청와대를 걸어 나올 수 있었다.

당시 언론에도 많이 오르내린 이야기지만 노태우 대통령은 5공화국 시절 이런저런 수모를 많이 겪었다. 대통령 후보 결정 과정에서도 경호실장과 국무총리의 이름이 수시로 거론되는 등 5공 정권은 노 대표를 끊임없이 흔들었다. 당시 노 대표가 겪었던 심적 고통과 수모는 당사자가 아니고는 아무도 헤아리지 못할 것이다.

사람들은 권력의 앞면만 보고 부러워하며 권력을 향한 충동을 강하게 느낀다. 그러나 권력이라는 화려한 무대의 뒤는 정말 고달프고 불행하기까지 하다. 나는 그림자처럼 권력을 따라다니며 권력의 참모습을 보면서 느낄 수 있었다.

권력은 편안한 자리가 아니다. 권력을 쥔 사람은 개인 시간을 접고 하루하루 빈틈없는 일정 속에 움직여야 한다. 여기에 사회를 안정시킬 책임이 따르다 보니 늘 생각하고 고민해야 한다. 투철한 사명감이 없는 사람은 권력을 가지면 안 된다. 내 눈에 비친 권력은 가치 있는 삶은 될지 몰라도 행복한 삶과는 거리가 멀어 보였다.

또 하나의 선택, 목민관의 길

1990년 10월 어느 날이었다. 노태우 대통령이 이모李某 비서관과 나의 진로에 대해서 물었다. 이 비서관은 끝까지 청와대에 남겠다고 해서 의전비서관에서 의전수석비서관으로 영전되었다. 나는 1년 전부터 허리디스크가 심해 치료와 휴식이 필요해 국군통합병원에 입원했다.

병원에서는 수술을 권했지만 수술은 후유증이 심하다는 주변 사람들의 만류로 물리치료만 받고 장기 휴가에 들어갔다. 지리산을 비롯한 전국의 명산을 찾아다니며 그동안 제대로 관리하지 못했던 몸과 마음을 다시 가다듬었다.

그렇게 석 달가량을 마음 편하게 보냈더니 허리 통증이 언제 그랬냐는 듯이 말끔히 사라졌다. 심신의 정상을 회복한 나는 진로에 대해 고심을 하다가 목민관이 되기로 결심했다. 그러나 목민관이 되려면 총무처가 주관하는 공무원 시험이라는 높은 장벽을 통과해야 했다.

1991년 새해 아침에 노 대통령께 새해인사를 드리고 공무원 일반 시험에 응시하겠다는 각오를 밝혔다. 노 대통령도 흔쾌히 허락했다. 그 길로 관사와 떨어진 잠실 쪽에 여관방을 얻고 공무원 고시학원에 등록한 뒤 나 자신과의 싸움에 돌입했다. 나이 들어서 치는 시험이어서 일반 고시보다 더욱 어렵게만 느껴졌다.

하루 3시간 잠자는 것을 제외하고는 모두 공부에 매달렸다. 잠자는 3시간도 그렇게 아까울 수가 없었다. '시험에 떨어지면 대통령이 나를 어떻게 볼까?' 생각하니 소름이 끼쳤다.

아는 선배로부터 수원에 있는 모 대학 교수를 소개받았다. 그는 자신이 추천한 책을 수십 번 정독하라는 주문과 함께 헌법, 행정법, 행정학, 국민윤리 등 4과목은 제자가 쓴 노트를 건네주었다.

노트를 그대로 정리하고, 정리한 노트를 녹음한 뒤, 녹음을 마치면 무조건 듣고 외우라는 것이 그가 제시한 비법의 모든 것이었다. 아침 겸 점심은 자장면으로, 저녁은 김밥 몇 줄로 해결한 뒤 그의 말대로 듣고 쓰고 하면서 600페이지 분량을 통째로 외웠다.

마침내 5월 하순경 치른 시험에서 1차는 합격했으나 2차 주관식 시험을 통과하지 못했지만 12월초 2차 시험에 재도전하여 합격할 수 있었다. 1년여 남짓 여관방에서 공부하던 모습들이 주마등처럼 지나갔다. 나도 모르게 눈물이 흘렀다.

36세 최연소 봉화군수로 부임하다

시험에 합격한 후에도 청와대에서 더 근무하다가 1992년 6월, 고향인 경북도 민방위국장으로 발령을 받았다. 거기서 17개월간 근무한 다음 김영삼 정부 시절인 1994년 1월 경북 봉화군수로 부임했다. 당시 나이 36세.

경북의 최북단에 위치한 봉화군은 산악지대이고 구릉의 기복이 심하지만 청정 자연과 수려한 산세를 지닌, 선비의 고장이었다.

'36세의 패기만만한 군수, 기대 반 우려 반'

최연소 군수의 부임에 대한 한 지방 일간지 기사 제목에서 보듯, 봉화군민들 또한 우려와 기대의 눈빛을 동시에 보내고 있었다. 나는 우선 관료주의와 전시행정의 관행부터 벗어던지고 인간적인 행정 구현을 군정 목표로 정했다.

주민들이 개혁의 혜택을 실감할 수 있도록 생활 주변의 고질적 병폐를 획기적으로 뜯어고치기로 하고 사회적 약자를 위한 복지 행정, 정성을 다하는 신뢰 행정, 책임과 소임을 다하는 책임 행정 풍토를 조성한다는 방침을 세웠다.

군정의 당면 과제로 군민에게 불편과 부담을 준 각종 관행과 제도를 과감히 개혁하고, 군청을 찾는 주민들에게 개혁을 실감할 수 있도록

'따뜻하고 친절하게 맞아주는 군청, 늘 찾고 싶은 군청'으로 변신해야 한다는 점을 공무원들에게 거듭 강조해 나갔다.

아울러 군민의 60%가 농민인 점을 감안, 농산물 수입 개방에 대비하여 농업 구조를 서서히 개선해 나가면서 농업 경쟁력을 높이기 위해 다양한 특화작목을 개발하는 한편, 농촌 환경을 획기적으로 개선하여 '살고 싶은 봉화, 돌아오는 봉화'로 만들자고 호소했다.

이렇게 취임 2개월을 보내자 지역 언론은 구습에 매여 정체되었던 봉화군이 30대 젊은 군수의 젊음과 패기에 힘입어 변화와 개혁을 맞고 있어 사뭇 기대된다는 평가를 앞다투어 내렸다.

당시는 문민정권의 전반기여서 '변화와 개혁'이 행정의 화두이던 시기였다. 그래서 군민들에게 어둡고 침침한 느낌을 주던 회색빛 군 청사도 밝게 도색해 외형적인 분위기부터 확 바꾸었다. 덴마크 체조단을 초청하여 군민들이 공연을 관람하게 하는 등 침체된 도시 분위기에 활력을 불어넣기도 했다. 또한 장거리 출장에서 돌아와도 자정과 새벽을 가리지 않고 현장을 방문하는 일을 멈추지 않았다.

젊은 군수의 파격적 행보는 매너리즘에 빠졌던 지역 공무원들에게 신선한 충격을 주었고, 그 때문이었는지 임기를 마치고 떠날 때에는 많은 군민과 직원이 아쉬워하는 모습이었다.

돌이켜보면 봉화에서 관선군수를 하던 시절에는 시간이 너무 짧았다. 봉화산에서 캐는 특산물인 송이를 활용하여 봉화송이축제를 기획하고 예산까지 확보했지만 그해 가뭄이 심해 이를 실행해 보지도 못하고 떠난 것이 못내 아쉬웠다.

이후 내무부 과장과 행정자치부 조사담당관(부이사관)을 거쳐 한국지방자치단체 국제화재단 정보지원국장으로 직위 승진되어 자리를 옮겼고, 중국 북경사무소가 개설되면서 초대 소장으로 부임해 2년 6개월을 보냈다. 그리고 민선시장에 도전하기 위해 10년 만에 다시 한 직급이 낮은 경북도 국장으로 부임했다.

연어의 꿈, 포항시장이 되다

IMF 외환위기 이후 조기퇴직 태풍이 불면서 45세 정년을 빗댄 '사오정'이라는 신조어가 한때 인구에 회자되었다. 그런데 사오정에 비해 정년이 60세인 공무원들은 '철밥통'이라고도 부른다.

나는 사람들이 부러워하는 '든든한 철밥통'을 버리고 명예퇴직을 신청했다. 그것도 정년을 12년이나 남겨둔 상태에서 결정한 일이었다. 내가 조기 명예퇴직이라는 카드를 선택한 것은 고향에서 더 큰일을 준비하기 위해서였다.

퇴임 날짜가 다가오고 막상 그만둔다고 생각하니 내 가슴에 진한 아쉬움들이 밀려들었다. 그러나 지금까지의 삶도 도전의 연속이었듯, 고향을 위한 나의 도전에 스스로 용기와 자신감을 불어넣기로 했다.

형산강의 연어가 고향에서 어린 시절을 보내고 더 큰 꿈을 위해 대양으로 나가듯, 고교를 졸업하고 포항을 떠난 지 30여년 만에 '연어의 꿈'을 안고 나의 모든 것을 이곳에 바치고자 출사표를 던지고 2005년 9월 고향으로 돌아온 것이다.

러시아 기업인과 신항만 현장을 방문한 박승호 시장

2006년 5월 31일 지방선거에서 나는 시민들의 선택을 받아 포항시장에 당선되었다. 모천으로 돌아와 남은 삶을 모두 쏟아 붓는 '연어의 꿈'이 마침내 이루어지기 시작한 것이다.

민선 4기 기간 동안 나는 시민들의 행복한 포항을 위해 몸과 마음을 던져 고향 발전에 매진했다. 국내외를 넘나들며 포항을 알리고 세일즈하기에 바쁜 나날을 보냈다. 그 결과 줄어들던 인구가 늘고, 침체된 지역 경제에 다시 활력이 넘쳤고, 영일만항이 개항되면서 환동해 중심도시로 자리매김하고 있다.

지난 4년 동안 열정과 추진력으로 여러 기업을 유치하면서 지역에는 생기가 되살아났고, 공무원 사회에도 변화의 바람이 불면서 이제 포항은 꿈과 희망이 넘치는 글로벌 도시로 비상을 거듭하고 있다.

포항이 사는 길

포항은 70년대 전반부터 포스코(전 포항종합제철)와 철강산업단지가 개발되면서 철강산업의 발전과 함께 비약적인 성장을 거듭한 결과 경북을 대표하는 도시로 발전했다. 그러나 2000년부터 수년째 인구가 감소하고 도시는 활력을 잃어가는 등 한때 침체의 늪에 빠지기도 했었다. 그러나 포항은 잠재력이 엄청난 곳이다.

첫째, 자연환경면에서 볼 때 대한민국에서 포항만큼 아름다운 곳이 없다. 영일만이 있고, 형산강이 굽이쳐 흐르고, 풍부한 삼림이 있고, 서울의 1.8배라는 광활한 면적을 가지고 있다. 포항은 도심에 바다가 있어 더 아름다운 도시다.

둘째, 포항은 산업 인프라가 잘 갖춰진 도시다. 세계 최고의 철강기업인 포스코와 포항공대, 한동대, 산업기술연구원 등 고급 인력이 있다. 첨단과학 인프라인 방사선가속기연구소, 지능로봇연구소, 나노기술집적센터, 생명공학센터 등 R&D 기능도 잘 갖춰져 있다. SOC 분야로는 철도가 있고, 공항이 있고, 항만이 있다. 2014년에는 KTX 역사도 들어온다.

이런 인프라를 활용하여 이제는 글로벌 포항으로 나아가면서 일본과 러시아 극동주, 인구가 1억 1,000만 명이나 되는 중국 동북 3성에 눈을 돌리고 있다. 이렇게 포항은 환동해 중심도시로 발전할 수 있는 지리적, 입지적 여건을 골고루 갖추고 있다.

21세기는 환경이 화두가 되는 시대다. 미래는 환경이 도시의 경쟁력을 좌우한다. 해안 도시인 포항은 송도 개발과 동빈내항 복원 사업, 형산강 정화 사업 등을 통해 생태환경도시로 성장할 수 있는 천혜의 입지조건을 모두 갖추고 있다.

따라서 포항도 이제는 포항만이 가진 내재적 가치를 발굴하고 잠재성을 극대화시켜 나가야 한다. 아울러 지역의 지리적 자연적 문화적 인적 자원을 극대화시키는 '향부鄕富'를 통해 세계 속의 포항으로 우뚝 서야 한다.

과거의 포항이 철강산업을 바탕으로 영일만의 기적을 만들었다면 이제는 문화적으로 풍부하고 환경적으로 지속가능한 환경도시 포항으로 '새로운 기적'을 일으켜야 한다.

명품도시가 갖춰야 할 조건

도시가 명품도시가 되려면 여러가지 조건이 필요하지만 최소한 두 가지 조건은 갖춰야 한다. 첫째는 도시에 유명한 대학이 있어야 하고 둘째는 유명한 먹거리가 있어야 한다. 일본 교토시에는 노벨상 수상자를 많이 배출한 교토대학이 있으며, 교토역을 중심으로 벤또(도시락)가 일본은 물론 세계적으로도 유명하다. 그래서 교토시는 스스로 '명품도시'라고 자랑스럽게 홍보한다.

포항시에도 세계적인 대학인 포항공대와 한동대학이 있다. 먹거리 또한 과메기와 물회는 전국적 식품이어서 포항도 명품도시로서의 최소한의 기본은 갖추었다. 포항은 과메기가 유명하지만 이를 전국적인 먹거리로 발전시키지 못했다. 나는 시장에 취임한 후 과메기를 전국 식품으로 만들겠다는 생각에 대대적인 홍보에 나서고 있다.

나는 미국, 일본, 러시아, 중국 등에 해외출장을 갈 때에도 과메기를 포장해간다. 포항시장이 과메기를 들고 외국에 갔다는 내용이 언론에 보도되면 국내에서도 상당한 홍보 효과를 거둔다. 과메기는 외국인들도 잘 먹는다. 중국인들은 말할 것도 없고, 미국의 캘리포니아 시민들에게 과메기를 김에 싸주었더니 모두들 '원더풀Wonderful', '넘버 원Number one' 하면서 그 맛을 인정했다.

덕분에 내게는 '과메기 시장'이라는 별칭도 생기면서 포항 과메기의 지역 경제 유발 효과도 점점 확대되고 있다. 2009년 과메기의 순수 매출액은 800억 원을 넘어섰고, 과메기와 함께 먹는 고추장, 파, 마늘, 미역, 미나리, 여기에 택배비까지 합치면 4,000억 원 이상의 경제 유발

포항의 특산물 과메기

효과를 거둔 것으로 잠정 집계됐다.

이명박 대통령이 당선되고 인수위가 열렸을 때에 과메기 150명 분을 서울로 올려 보냈다. 그랬더니 이를 맛본 중앙 언론들이 역대 대통령 고향의 유명한 특산물을 들어 '멸치, 홍어, 도다리에서 이제는 과메기 시대로'라는 제목으로 보도하는 바람에 전국적 유명세를 타기도 했다.

두 번째 홍보에 나선 것은 물회다. 물회는 물에 말아먹는 회라는 뜻이다. 갓 잡은 흰살 생선을 송송 썰어 배, 상추, 쪽파, 마늘, 생강 등의 양념을 넣고 깨소금, 김 가루를 뿌린 다음 고추장을 풀어 비빈 후에 냉수를 부어 마시는 동해안의 별미 음식이다. 물회는 특히 포항이 본고장으로 알려져 있다.

이명박 대통령이 2009년 9월 18일 고향을 방문했을 때 홍보차원에서 물회를 대접했다. 물론 이 대통령도 물회를 좋아하신다는 것을 알고 한 것이었다. 이 대통령이 물회를 드셨다는 보도가 나가자 포항을 찾는 관광객들이 죽도시장에서 대통령이 드셨던 것과 똑같은 물회를 내놓으라고 하는 바람에 대통령에게 물회를 제공한 H식당은 요즈음 즐거운 비명을 지르고 있다.

2007년 5월 31일은 물회도시락이 처음 탄생한 날이다. 포항 영일만항에서 바다의 날 행사를 할 때 물회도시락 3천개를 만들어 참석자들에게 제공했는데 다른 일반 도시락보다도 얼큰한 물회도시락이 큰 인기를 끌었다. 당시 한덕수 총리는 물회도시락 두 그릇을 순식간에 비웠다.

이명박 대통령이 경북도를 방문하던 날도 포항에서 보낸 물회도시락을 드셨다는 보도가 나오면서 물회도시락에 대한 관심이 높아졌다. 홍보는 이처럼 틈새 홍보, 기회 홍보가 중요한 역할을 한다.

한 번은 해외출장을 마치고 돌아오는 기내에서 물회를 먹고 싶은 마음에 '기내식 물회도시락을 검토해보겠다.'고 기자들에게 말한 것이 언론에 보도됐다. 말이 나온 김에 이를 현실화하려고 대한항공과 아시아나항공에 타진을 했으나 여러 가지 이유로 어렵다는 답변이 돌아왔다. 비록 물회도시락의 기내식 공급은 성사되지 못했지만 물회의 신선함과 맛, 고급스런 이미지를 국민들에게 각인시켜 줄 수 있었다.

새롭게 변모한 포항 중앙상가 실개천 거리

포항 중앙상가는 서울의 명동처럼 포항의 가장 번화가에 위치해 있다. 이곳은 과거에도 땅값이 평당 수천만 원을 호가할 정도로 상가가 번성했던 지역이다. 중앙상가가 잘 나갈 때에는 밤새도록 네온사인이 꺼지지 않았다. 그러나 대형 백화점 등 쇼핑몰들이 들어오면서 옛 명성을 빼앗기고 말았다.

중앙상가는 도로 길이만 657m나 된다. 그런데 어느 때부터인가 손님이 뜸해지자 상가번영회에서 '장사가 안 되니 진입 차량을 막아 달라.'고 요구해 차 없는 거리로 만들어 주었다. 그 후에도 영업이 되지 않자 상가측은 '차량이 다시 다니도록 해 달라.'고 해서 차량 통행을 허가하는 등 10년이 넘도록 차량 통행만 막았다 뚫었다 하는 행정을 되풀이해오고 있었다.

중앙상가의 실개천 거리

시장에 취임한 후 이 지역을 어떻게 살릴까 고민을 거듭했다. 그러던 중 독일의 환경수도라 불리는 프라이부르그시의 도심지 길 양쪽에 50cm 정도의 폭으로 맑은 물이 흐르도록 일직선으로 파놓은 도랑이 문득 떠올랐다.

물은 사람을 감성적으로 만드는 힘이 있다. 그것이 실개천 형태로 표현된다면 어떨까? 특히 우리나라 사람이라면 어린 시절 동구 밖을 흐르던 실개천에서 물고기를 잡던 추억 하나쯤 가지고 있을 것이다.

중앙상가를 통과하는 차량을 영구적으로 막고 인간 중심의 보행로를 만드는 방법으로 실개천을 조성하기로 했다. 100일 정도 걸린다는 공사는 세를 내고 장사를 하는 상가 주민들의 피해를 최소화하기 위해 공기를 21일로 크게 당겨서 완성하도록 했다.

21억 원의 사업비가 투입된 실개천 거리가 완공되자 사람들이 이곳에 몰려들기 시작하면서 중앙상가는 다시 생동감이 넘치기 시작했다.

가족 단위 구매 고객이 증가하는 쇼핑 공간으로 변모하면서 상가의 매출액도 늘었다. 실개천 거리가 2008년 제3회 대한민국 공간문화대상(대통령상)과 국토해양부장관상인 도시대상을 수상하면서 전국은 물론 해외에서도 이를 배우려는 벤치마킹 행렬이 넘쳤다.

미국 피치버그 시의 벤존스 시장 일행도 중앙상가를 방문해 미국에서 볼 수 없는 독특한 형태의 상가 분위기에 '원더풀'을 남발했고, 일본 조에츠시 고노우라 마사유키 시장 일행도 '한 수 배우고 간다.'는 방명록을 남겼다. 중국 산동성 래무시 부시장 일행을 비롯하여 항주시에서도 포항을 찾아왔다.

국내에서는 전남 광양시와 충북 청주시, 강원 강릉시, 대구시에서 현지 답사를 다녀갔다. 그 후 서울 남산과 지하철 교각, 대구 중앙로, 청주 성안길, 인천 송도 영종, 청라 등에서 포항을 본 딴 실개천 거리가 곳곳에 조성되고 있다.

실개천 공기 단축은 브라질에서 힌트를 얻었다. 꾸리찌바를 세계적인 생태도시로 변모시킨 브라질에서 가장 존경받는 행정가 자이메 레르네르Jaime Lerner 시장에게 배운 것이었다.

유엔 최고의 환경상UNEP, 1990, 에너지보존 국제협회상IIEC, 1990, 하비타트 영예대상Habitat Scroll of Honor, 1991, 유니세프 아동평화상UNICEF, 1996 등 수많은 국제 대상을 받은 꾸리찌바시는 미국 《타임》지가 세계에서 가장 건전한 도시로 선정한 지역이다.

인구 230만 명이 사는 브라질의 '꾸리찌바'는 '꿈의 도시', '희망의 도시', '세계에서 가장 아름답고 쾌적하며 인간답게 살 수 있는 도시', '지구에서 환경적으로 가장 올바르게 사는 도시', '세계에서 가장 창의적인 도시'라는 호평을 받고 있다.

당시 레르네르 시장은 '꾸리찌바'에 1km 정도의 차 없는 거리를 조성할 때 바닥에 화강암을 깔고 나무를 심도록 했다. 이때 넉 달로 공사기간을 잡아온 담당 공무원에게 이틀Two Days만에 하도록 지시했다가 72시간, 즉 사흘 만에 완공한 사례가 있었다. 이것이 가능했던 이유는 한 명이 열흘간 일할 분량을 열 명이 하루에 하도록 완벽하고 치밀하게 준비해 놓고 빠르게 집중적으로 공사하는 방식을 취했기 덕분이다.

나는 시의 행정도 무엇이든 관심을 가지고 문제를 해결하려고 노력

한다면 공사 기간의 단축처럼 업무의 단축도 얼마든지 가능하다고 보고 있다.

동빈내항 공사는 한반도 대운하의 축소판

'실개천 정비 사업이 청계천 복원 사업의 축소판이라면 동빈내항 공사는 한반도 대운하의 축소판이다.'

포항 중앙상가 실개천 정비 사업을 마치고 동빈내항 공사를 추진하려고 하자 시민들이 내게 이명박 대통령 스타일의 시정을 펼친다는 소리를 많이 했다.

일본 기타큐슈시는 도심부를 흐르는 자천紫川을 중심으로 종합적인 마을을 조성하는 '자천 마이 타운·마이 리버 정비 사업'을 시행해 2003년 5월 일본토목학회로부터 기술상을 수상했다. 말하자면 강과 주변 시가지를 입체적으로 정비하여 치수 대책과 100만 도시의 도심에 적합한 기타큐슈시의 얼굴을 조성하는 사업이었다.

1953년 기타큐슈 지구에 내린 집중 호우로 자천 주변 약 2만 4,000가구가 침수되는 홍수 피해를 입었다. 기타큐슈시는 치수 차원에서 주변 환경을 배려하여 호안과 다리를 재정비하고, 주변에 마을을 조성하는 사업을 진행했다.

이 사업은 기존 시가지에 강을 중심으로 도시 재개발을 한 점, 대규모 사업을 단기간에 한 점, 안전하고 아름다우며 활력이 있는 번화가가 조성되었다는 점, '수경도시'의 실현을 위해 노력해 온 점이 높은 평가를 받았다.

고등학교를 졸업하고 포항을 떠났다 30여 년 만에 돌아와 보니 그 아름답던 내항의 물이 심하게 오염되어 가고 있었다. 내륙에 사는 사람들은 바다만 보면 환호성을 지르고 난리인데 포항사람들은 늘 바다를 보니 바다가 얼마나 아름다운지를 모른다.

심지어 부두에 담까지 쌓았다. 그러니 차를 타고 가도 담에 막혀 바다가 보이지 않는다. 담장 안쪽은 온통 쓰레기로 가득 쌓여 있다. 시장에 취임하고 나서 1.3km에 달하는 지저분한 담장을 헐어낸 뒤에 기름탱크도 옮기고 주변 창고도 모두 철거시켰다.

지난 6.2지방선거에서 75%의 득표를 받아 전국에서 2위의 지지율로 당선될 수 있었던 것도 따지고 보면 시가지 환경 정비와 같은 작은 것에서부터 지역을 새롭게 바꾸는 것들을 보면서 시민들이 시장을 믿어준 결과라고 생각한다.

민선 4기 시장 공약 1번으로 추진하는 것이 동빈내항 복원 공사다. 1,520억 원 규모의 사업비가 투입되는 동빈내항은 과거 형산강과 연결되었으나 포항제철이 들어서면서 그 위에 도로를 만들고 물길을 막으면서 동빈내항은 서서히 생명력을 잃어가게 되었다.

동빈내항 복원은 막힌 물길을 뚫어 바다와 소통하게 하는 사업이다. 이를 통해 3만 평 규모의 운하와 주변 부지가 생기는데 1만 평은 쇼핑몰 등을 조성하고 나머지 2만 평은 물길과 수변공원으로 가꾸게 된다. 이 사업이 완공되면 서울의 청계천보다 훨씬 더 이목이 집중되고 일본의 기타큐슈와 마찬가지로 최대의 도심 재생 환경프로젝트로 인정받게 될 것이다.

국비, 도비, 시비 200억 원과 포스코가 기부한 300억 원, 나머지는 LH공사가 투자해 추진될 이 프로젝트는 11월 현재 보상만 62% 정도 진행된 상태다. 전체 823세대에 대한 보상이 완료되고 2011년부터 착공에 들어가면 2년 후쯤 완공 예정이다. 이 사업이 완공되면 매력적인 관광 인프라가 조성되는 것은 물론 세계적인 환경 복원 사례로 주목받을 것으로 확신한다.

오디오는 비디오를 능가할 수 없다

일본 후쿠오카에서 신칸센으로 1시간 20분 정도 떨어진 거리에 기타큐슈라는 도시가 있다. 과거에는 오염이 매우 심각한 도시였는데 지금은 청정 에코 도시로 완전히 탈바꿈한 곳이다. 이렇게 기타큐슈는 굴뚝 산업도시에서 생태 환경도시로 거듭난 세계에서 가장 모범적인 도시이다.

기타큐슈는 포항 공무원들의 연수지로 안성맞춤이었다. 그래서 나는 전체 직원들의 연수를 위해 아파트 3채를 임대하는 등 한 달여의 준비 끝에 2008년 10월 3일부터 기타큐수 연수를 시작했다.

포항시가 발전하려면 공무원들의 마인드가 바뀌어야 한다. 현재까지 포항시 공무원 2,000명 중에서 1,600여 명이 연수를 마쳤는데 이 프로그램은 국내는 물론 세계적으로도 유례가 없는 사례로 평가받고 있다.

직원들은 일본 현지에 가면 지정된 몇 곳만 방문하고 나머지는 각자

직무와 연관된 시설 등을 둘러본다. 예를 들어 사회복지 분야라면 그 지역의 사회복지 시설을 방문하고, 건축직이라면 구마모또 현에 가서 '아트폴리스'를 보고 오면 된다. 보고서를 제출할 의무도 없는 자율적인 연수지만 연수를 다녀온 직원들은 자신도 모르게 달라진 모습을 느낀다고 말한다.

한국 사람들은 과거 불편했던 역사로 인해 일본에 대해 비판적 시각을 나타낸다. 그러나 일본은 세계가 인정하는 선진국이다. 특히 부산과 가장 가까운 곳에 위치한 후쿠오카는 아시아에서도 가장 살기 좋은 도시로 거리에는 버린 휴지 하나가 없을 정도로 도심이 깨끗하다.

직원들이 잘 정비된 시가지 모습을 직접 눈으로 확인할 필요가 있다. 나는 '오디오는 절대로 비디오를 능가할 수 없다.'고 늘 강조한다. '백문이 불여일견'이라고 아무리 말로 잘 설명해도 한 번 보여주는 것만 못하기 때문이다.

공무원 연수하면 떠오르는 사람이 있다. 지한파 출신의 중국 차세대 주자로 주목을 받는 보시라이薄熙來 총서기다. 2007년 11월 충칭重慶시 서기로 부임한 그는 이후 부패와의 전쟁을 선포하고 과단성 있는 조치를 취하면서 대중들의 전폭적 지지를 받고 있다.

인구 3,500만 명의 도시 충칭시는 2007년 보시라이 시장이 취임한지 1년 만에 중국 서부 지역 12개 도시에서 일약 2위로, 2009년에는 40억 달러의 외자를 유치하면서 당당히 1위로 올라섰다.

그가 다롄大連 시장으로 재직하던 시절에는 다롄 시민들이 그를 다롄의 축구팀, 다롄이 자랑하는 복장服裝 산업과 더불어 다롄의 세 가지 보물, 즉 '다롄삼보大連三寶'라고 부를 정도로 인정을 받았으며 다롄시를 관광 및 국제회의 전시 도시로 바꾸어놓은 장본인이기도 하다.

다롄시는 북한의 신의주와 가까운 추운 북쪽 지역에 있는데도 내가 9월에 그곳을 방문했을 때는 도시 전체가 온통 푸른 모습이어서 그 비결을 물었더니 1년에 100만㎡ 면적에 잔디를 심는다는 것이었다.

그에 착안한 것이 현재 포항시가 추진하고 있는 녹토 조성 및 벽면 녹화 사업이다. 시가지 가로수를 따라 폭 1m의 녹도가 조성되면서 도심 환경이 획기적으로 개선되었다는 평가를 받고 있다.

아울러 2년 전부터는 옹벽마다 담쟁이를 심고 있다. 앞으로 1~2년 정도 지나면 포항은 온통 녹색으로 뒤덮이게 될 것이다.

테라노바 포항 프로젝트

2006년 포항시장에 취임할 때 포항시 신청사는 거의 완공 단계에 있었다. 신청사를 볼 때마다 안타까움이 있었다. 포항은 철강도시인데 건축비 905억 원에 땅값 1,000억 원 정도가 들어간 청사 치고는 너무 밋밋한 느낌이 들었다.

시청 청사 건물 하나를 지어도 그 자체가 예술품이 된다면 관광 인프라로도 활용할 수 있을 텐데 하는 진한 아쉬움이 느껴졌다. 도심의 건물은 도시마다 개성이 있어야 한다.

여행을 다니다 보면 나라마다 건축물들이 각각 다르다. 서울이 다르고, 일본에 가 보면 일본의 건축물이 다르고, 유럽에 가면 유럽의 건축물들이 각각 다르다. 우리의 건축물들은 배고픔의 시기를 겨우 넘어서인지 블록으로 된 집, 성냥갑 모양이 대부분이다.

옛날 사진을 보면 포항의 건축물들은 정비는 커녕 개성도 특색도 없이 혼란스럽기만 하다. 도시를 아름답게 만들자고 모든 건물을 헐고 다시 지을 수도 없는 문제이다. 그래서 이제부터 짓는 건축물들은 구조물 하나, 다리 하나를 놓더라도 포항의 역사와 문화, 예술성이 가미된 작품으로 만들자는 것이 포항 테라노바 프로젝트이다.

테라노바는 라틴어에서 온 말로, 테라Tera는 땅을 의미하고, 노바Nova는 새로움을 뜻하는 말이다. 우리말로 한다면 새로운 땅, 기회의 땅이라는 의미이다. 이를 시정에 도입해야겠다는 생각에 대표적인 모범 사례를 벤치마킹하기 위해 일본 구마모토의 아트폴리스와 고베, 오사카를 돌아봤다. 그리고 이듬해 2007년 1월 15일 포항시에서 테라노바 선포식을 가졌다.

앞으로 건축되는 포항시의 모든 공공건물은 테라노바위원회의 검증을 거쳐 전통과 예술성 및 창조성을 가미하고 도시 미관을 획기적으로 개선하여 포항을 인간과 자연이 공존하는 친환경적인 문화 예술 도시로 만들자는 취지였다.

민간 구조물이나 건축물은 강제로 할 수는 없지만 테라노바위원회를 통해 시 정책에 맞게 짓도록 권고하는 방향으로 추진되면서 '테라노바'는 어느새 포항의 유행어가 되었다.

처음에는 포항 시의회의 반대에 부딪혀 어려움도 많았다. 그러나 테라노바의 성과물이 나오고 정부로부터 테라노바로 인해 수상까지 하

테라노바 프로젝트에 따라 지어진 바다시청

테라노바 프로젝트에 따라 지어진 포항시립 중앙아트홀

자 이제는 테라노바라는 용어가 포항에서는 익숙한 단어로 정착됐다.

건축가들 사이에서 포항시 공모에 당선되려면 건물답지 않은 건물을 설계해야 당선된다는 우스개까지 나오고 있다. 실제로 해도동사무소는 배 모양을 형상화한 건물로 짓고 있으며, 수산업협동조합에서 운영하는 활어위판장 건물은 고래를 형상화한 것이다.

청소년회관, 여성회관, 노인회관이 입주한 뱃머리마을의 문화콘텐츠센터도 과거의 사각 틀에서 벗어나 건물 구조에서부터 새로운 예술성을 추구하고 있다. 북부 해수욕장 바다시청도 아주 날렵하게 지어져 있다.

새로운 형태의 건물을 보면 무한한 상상력이 나올 법하다. 예술작품들을 보노라면 정서가 순화되고 상상력이 키워진다. 시간이 지나면서 하나 둘 새로운 건물들이 들어서고 10년 20년이 지나면 포항에는 더 많은 테라노바 건물들이 들어서게 될 것이다. 한동대학교에서 공간구조공학을 전공하는 학생들을 대상으로 가끔 테라노바와 관련된 공모전 대회를 연다. 이때 학생들에게 과제물을 주면 전혀 엉뚱한 것 같으면서도 신선한 아이디어가 나오는 것을 경험한다.

나는 '테라노바 설계를 낼 때 집을 거꾸로 짓는다는 생각으로 설계를 해 달라.'고 주문한다. 테라노바 위원들에게도 더 변화되고 혁신적인 건물들이 나올 수 있도록 강조하고, 공공기관 건축뿐만 아니라 민간 건축 관계자들에게도 창의적인 생각으로 설계를 해서 건축물을 짓자고 틈이 날 때마다 주문하고 있다.

프로젝트의 성과물 가운데 하나인 테라노바 빛과 물의 가로공원(오광장)

포항에 불붙은 제2의 새마을운동

한때 새마을운동 발상지 논란이 뜨거웠다. 하지만 포항시가 2009년 9월 기계면 문성리에 세운 새마을운동발상지기념관을 둘러보면 새마을운동의 발상지가 포항이라는 것은 이곳에 전시된 자료만 훑어보아도 한눈에 확인할 수 있다.

포항은 대한민국 산업화와 근대화를 견인한 도시다. 포스코가 '산업의 쌀'인 철강을 통해 산업화를 주도했다면 새마을운동은 '하면 된다.'는 국민 의식 개혁 운동을 주도했다. 이것이 토대가 되어 60여년 전 세계에서 가장 못사는 나라에 속했던 대한민국은 지금 G20 의장국이 될 정도로 세계 경제 대국의 반열에 들어서 있다.

그 중심에 포항의 포스코와 포항의 새마을운동이 있었던 것이다. 이제는 소모적인 새마을운동 발상지 논쟁보다 새마을운동 정신을 현실에 어떻게 접목시키고 이를 해외에 수출하느냐가 더 중요하다.

실제로 개발도상국들은 한국의 새마을운동을 높이 평가하면서 이를 배우려 하고 있다. 국제사회로부터 원조를 받던 대한민국이 원조를 하는 국가로 바뀌었으니 산업화와 근대화를 견인한 포항에서 새마을운동을 가르치고 포항의 산업 현장을 돌아보게 하는 것은 순리라고 생각된다.

아울러 새마을운동을 더욱 계승·발전시킨다면 중국과 몽골은 물론 아프리카에서도 이를 배우려 하기 때문에 국제적 운동으로 승화시킬 수 있다. 그래서 한동대학교에 외국인을 대상으로 설치한 새마을아카데미를 통해 외국인들을 교육하고 이들에게 포항의 산업 현장을 돌아

새마을운동발상지기념관

보게 한다면 강의도 듣고 산업 현장도 바로 돌아볼 수 있기 때문에 포항은 산업 연수 관광의 최적지로 자리매김할 수 있을 것이다.

높이 나는 새가 더 멀리 본다

21세기는 자연과 인류가 공생 공멸하는 공동운명체의 관계로 발전하고 있다. 또한 국가 간의 경쟁과 협력보다 지방 간의 경쟁과 협력이 활발하게 이루어져 국가가 아닌 지방이 국제사회의 기본 단위가 되고 있다.

여기에 지식정보화 자동화로 대변되는 사회 구조의 변화는 그에 걸맞은 변화를 단체장들에게 요구하고 있다. 특히 지식산업의 비중과 중요성이 높아지고 창의와 자율이 지역 발전의 키워드가 되면서 창의, 자율, 지방분권을 중심으로 한 단체장의 리더십이 요구되고 있다.

단체장은 아무나 할 수 있는 일이 아니다. 이 시대가 요구하는 단체장은 복지부동의 리더가 아니라 창업가 정신으로 무장한 리더십의 소유자라야 한다.

단체장은 지역은 물론 공익을 대표하는 지위이기에 여러 가지 덕목이 요구된다. 공직자를 국민에 대한 봉사자라는 뜻으로 '공복公僕'이라 부르는 것처럼 공직자의 우두머리인 단체장은 지역사회에 대한 봉사를 최고의 덕목으로 삼아야 한다. 덧붙여 모범적인 생활 자세와 바른 양심으로 업무 추진도 공평무사하게 해야 한다.

단체장은 풍부한 행정 경험이 있어야 한다. 갈등을 관리할 수 있는 통합조정력은 물론 지역 발전에 활용할 정치적 감각과 풍부한 인맥도 동시에 갖고 있어야 한다. 아울러 지역에서 쓸모없이 버려진 자원도 적극적으로 발굴해 나가는 안목과 식견이 필요하다. 그런데 이런 안목과 식견은 거저 나오는 것이 아니다. 끊임없이 공부하고 수많은 선진 행정을 배우고 경험해야 터득된다.

혹자는 고향을 지키고 있었다는 것이 단체장의 큰 덕목이라도 되는 양 말하는데 이는 단체장의 중요한 덕목이 될 수 없다. 이보다는 누가 고향을 더 연구하고 고향 발전에 필요한 대안을 제시할 수 있느냐가 관건이라고 생각한다.

단체장들은 국내외 여러 지역을 다니면서 선진 행정에 대한 지식과 견문을 넓혀야 한다. 특히 선진 도시들에 대해서 풍부한 견문을 쌓을 필요가 있다. 선진 도시들의 여러 사례를 연구하고 벤치마킹하는 것은 주민의 삶의 질과 직결되기 때문에 매우 중요하다.

중국을 모르면 우리의 미래는 없다

'중국이 깊은 잠을 자도록 내버려둬라. 중국이 잠에서 깨어나면 세계를 놀라게 하리라.'

19세기 초에 지적한 나폴레옹의 경고처럼 중국은 잠에서 깨어난 지 오래 되었고, 그의 예언은 그대로 적중하고 있다.

중국은 역사적 지리적으로 우리와 밀접한 관계였다. 한때 공산화가 되면서 우리와 교류가 중단되기도 했었으나 1992년 한중 수교가 이루어진 후 18년 동안 우리나라와는 제1의 교역국가가 될 정도로 가까운 나라가 되었다. 중국은 1978년 개혁과 개방을 선언한 이후 지금까지 엄청난 속도로 초고속 경제성장을 거듭해왔다. 특히 철강산업 분야는 한중간 기술력의 차이가 몇 년 정도 밖에 나지 않으며, 조선 수주량은 이미 중국이 한국을 추월한 상태라고 한다.

나는 1994년 봉화군수로 있을 때에 자매결연 차 중국 섬서성陝西省에 있는 동천시銅川市를 방문한 적이 있고, 행자부에 근무하던 2000년에는 중국을 배워야겠다는 생각에 한국지방자치단체 국제화재단 북경대표처 수석대표로 발령을 받아 가족까지 데리고 2년 반 동안 중국에 근무한 적이 있다. 덕분에 공직에 있을 때에는 '중국통'이라고 불릴 정도로 중국에 대한 관심이 많았다.

포항시에는 중국 관련 업무를 전담하는 중국팀이 있고, 중국 현지에 공무원도 파견해 놓고 있다. 포항이 향후 환동해 중심도시로 발전하려면 중국의 동북 3성과 밀접한 관계를 가질 필요가 있어서 취한 조치이다.

중국을 비롯한 극동 러시아, 사할린 등에는 가스 등 자원이 풍부하게 매장되어 있다. 최근 대외경제정책연구원KIEP 윤성학 연구원이 쓴 『러시아 에너지가 대한민국을 바꾼다』라는 책을 읽은 적이 있다.

해외 에너지 의존도가 97%인 우리나라에 러시아 에너지 자원이 갖는 의미를 경제적 측면과 안보 및 통일의 측면에서 고찰한 책이었다. 향후 우리나라가 추구해야 할 에너지 전략의 우선순위를 제시하고 있다는 점에서 매우 시의적절한 주제를 다루고 있었다.

나는 포항이 향후 환동해 중심도시로 발전하려면 직간접적으로 엄청난 영향권에 있는 나라가 중국과 러시아이기에 포항과도 불가분의 관계를 가질 수밖에 없다고 보고 있다.

자치단체장들도 이제는 중국을 주목하고 중국을 배워야 할 때다. 여행업계에 따르면 2020년이 되면 중국인들의 해외 관광객 수가 한 해에 1억 명을 돌파할 것으로 전망하고 있다. 특히 중국인의 해외 여행 패턴은 소득 수준보다 높은 구매력을 보여주고 있다는 점에서 주목할 가치가 있다.

실제로 중국인들의 발길이 이어지고 있는 유럽 각국의 매장에서는 중국인들에게는 한 달 월급에 해당되는 개당 400유로짜리 명품 가방이 날개달린 듯이 팔려나간다고 한다. 이 때문에 유럽 각국은 중국 관광객들을 끌어들이기 위한 움직임이 빠른 속도로 진행되고 있다.

이처럼 씀씀이가 놀라운 중국 관광객들이 한국에 몰려들 경우 자치단체에 미치는 관광 효과는 엄청날 수밖에 없다. 한국은 한류열풍을 타고 중국인들이 가장 많이 찾는 나라가 되었으나 이들을 유인할 정책이 없어 안타깝다는 것이 여행업계 관계자들의 지적이다.

마작을 좋아하는 중국인들이 관광도 하고 마작도 즐길 수 있는 공간을 마련하는 등 이들의 지갑을 열게 할 노력과 정책 개발이 시급하다. 중국을 모르면 한국의 미래도 없다는 사실을 자치단체들도 이제는 깊이 인식해야 할 때다.

영일만 르네상스 시대로

나는 늘 꿈을 꾼다. 그리고 희망을 이야기한다. 영일만 기적을 일으키며 이 땅의 오늘을 견인한 위대한 52만 시민과 함께 만들고 싶은 포항이 있기에 꿈을 꾸고, 희망을 이야기하고, 맡은 바 소임에 신명을 다한다.

포항은 빛의 도시다. 빛은 꿈과 희망이다. 그래서 포항은 꿈과 희망의 도시이다. 포항은 지금 우리나라 산업화를 이끈 지난 60년의 긍지로, 새로운 60년의 꿈과 희망인 영일만 르네상스 시대로 향하고 있다. 꿈꾸는 사람만이 미래의 주인이 될 수 있다.

나는 2010년을 '영일만 르네상스를 향한 원년'으로 정했다. 영일만의 꿈과 희망이 그린 웨이Green way라는 대로를 질주하며 한반도를 넘어 대양과 대륙으로 뻗어나가기를 희망한다. 때마침 영일만항 개항으로 포항은 대한민국의 물류가 5대양 6대주로 나아가는 원심력을 갖게 됐고, 전 세계의 기업과 사람들이 영일만항을 통해 포항으로 들어오는 구심력도 갖게 됐다.

'영일만 르네상스' 시대를 선포한 것은 동해안 작은 어촌마을에서 산업화 60년 동안 세계적인 철강도시로 성장하며 '영일만 신화'를 창조해온 '제1의 영일만 시대'를 마무리하고 '제2의 영일만 시대'를 펼쳐나갈 새로운 60년을 준비하자는 취지다.

이제는 동해안 최초의 국제항만인 영일만항 컨테이너부두 개항으로 세계로 향하는 물류의 관문이 열렸고 환동해 경제블록 중심도시, 국제 비즈니스 중심도시로 발돋움할 수 있는 여건이 형성됐으니 이를 토대로 새로운 포항의 시대를 열어가자는 뜻이다.

이를 위해 21세기 해양 시대를 주도하는 국제 비즈니스 도시, 자연과 인간이 상생하는 환경도시, 창의가 넘치는 문화도시, 법과 질서를 존중하는 선진도시, 나눔과 봉사의 복지도시를 만들어가겠다는 시민의 의지도 구체적으로 담았다.

비전 없는 전략은 무모하고 전략 없는 비전은 환상에 불과하다. 영일만 르네상스 시대가 우리의 눈앞에 펼쳐지려면 포항의 꿈과 희망을 실은 일곱 색깔 무지개가 영일만 앞바다에 활짝 피어나야 한다.

나는 정열적이고 창의적인 불빛 문화도시, 나눔과 배려가 넘치는 주황빛 행복도시, 첨단과 융합이 부를 창출하는 금빛 경제도시, 자연과 인간이 상생하는 초록빛 환경도시, 건강한 체력과 정신, 활력이 넘치는 파란빛 체육도시, 꼭 다시 찾고 싶은 쪽빛 관광도시, 글로벌 도시 기반과 브랜드 파워를 가진 고품격도시를 열망한다. 이는 내가 꿈꾸는 일곱 색깔 무지개의 도시이자 영일만 르네상스의 결정판이기도 하다.

미국의 케네디 대통령은 '60년대 내에 달 유인 우주선을 성공시키겠다.'는 대국민 약속을 하면서 '어렵기 때문에 그런 일을 한다.'고 했다. 그리고 그는 무모할 정도로 어려웠던 약속을 지켰다. '영일만 르네상스' 역시 어려운 도전이 아닐 수 없다. 그러나 긍정의 힘을 믿고, 우직하게 일을 즐기면 우리가 바라는 것들을 하나 둘씩 이루어 갈 수 있다.

역사적으로 이루어진 성공의 절반은 죽을 지도 모른다는 위기의식에서 비롯되었고, 실패의 절반은 찬란했던 시절에 대한 향수에서 비롯되었다. 우리 국민의 위기 극복 노력은 고난이었지만 그 고난은 지금의 우리 경제를 견인한 원동력이 되었다.

이제부터 포항은 다시 하나가 되어야 한다. 통합과 발전이라는 시대정신에 충실하면서 포항이 세계 일류 도시로 도약할 수 있도록 서로의 힘을 모아야 한다.

민선 5기에는 포항의 미래 비전인 영일만 르네상스 기반을 구축하는 데 혼신의 힘을 쏟을 것이다. '포항시민이 잘 살 수만 있다면'이라는 목표만 달성된다면 어떤 길이라도 걷겠다는 초심을 떠올리면서 나를 낳아주고 키워준 포항을 위해 나의 모든 것을 바치고 싶다.

박승호 포항시장

1957년 8월 5일 출생
경상북도 포항

학력

1962~1968	달전초등학교(29회)
1968~1971	동지중학교(24회)
1971~1974	포항고등학교(23회)
1976~1983	용인대학교 졸업
1983~1985	연세대 교육대학원(교육학 석사)
1990~1995	한국체육대 대학원(이학박사)
1997~2000	연세대 행정대학원(행정학 석사)
2000~2006	중국사회과학원 법학박사 (헌법학 및 행정법학 전공)

용인대 명예경제학박사

경력

1983	서울올림픽조직위 기획실(공채 1기)
1988	청와대 비서실 행정관
1992	경북도 민방위국장
1994	봉화군수(36세 전국 최연소)
1995	내무부 지방행정연수원 조사과장
1996	내무부 편성운영과장
1999	행정자치부 조사담당관
2000	한국지방자치단체 중국북경대표처 수석대표
2002	경북도 보건환경산림국장
2005	경북도 공무원교육원장
2006	한나라당 경북도당 부위원장
2006~2010	민선 4기 포항시장
2010~	현재. 민선 5기 포항시장

상훈 및 기타

2004	홍조근정훈장
1992	대통령표창
2001~	용인대학교 국제학부 객원교수

재중국 한인회 자문위원(역임)

한국실업유도연맹회장(현)

경기도 구리시 _ 박영순 구리시장

고구려의 기상을 이어 세계 최고의 명품 디자인도시를 꿈꾼다

이제 구리시는 더 이상 서울 동쪽의 변방 도시가 아니다.
전국 어디에 내놓아도 결코 뒤지지 않는 경쟁력을 갖춘 작지만 강한 도시로 성장했다.
20만 시민들이 자긍심을 느낄 수 있는 살기 좋은 도시로서의 기반과 면모도 갖췄다.
깨끗하고 아름다운 자연 환경, 편리해진 교통망,
자랑스러운 역사와 문화를 바탕으로 미래의 꿈과 희망을 노래할 수 있게 되었다.
서울 동쪽의 명품도시로서의 꿈도 더 가시화할 수 있게 되었다.

광개토태왕 동상과 광개토태왕비 복제비

내 고향 땅끝 마을 해남

한반도의 최남단에 위치한 전라남도 해남군은 조선시대에 〈어부사
시사漁父四時詞〉를 쓴 고산 윤선도 선생과 대흥사, 그리고 땅끝마을로 유
명하다. 해남읍에서 문내면으로 70리 길을 더 들어가면 아담한 농촌
마을이 나타난다. 임진왜란 때 명량대첩으로 유명한 전라우수영과 인
접한 곳이다. 바로 이 마을이 내 고향이다.

나는 8남매 중 맏이로 태어났다. 어린 시절은 손이 귀한 집안의 장남
이었기에 집 안팎의 귀여움을 독차지하며 자랐다. 그럼에도 나는 늘
조용했고, 특히 어른들의 말씀을 잘 따랐다고 한다. 학교는 문내초등
학교를 다녔는데 6년 내내 반에서 2등밖에 못했다. 1등은 언제나 학년
은 같아도 나보다 네 살 위인 형뻘 되는 친구의 몫이었다.

고향 마을 어귀에서 10리 정도만 가면 내가 즐겨 올라가던 동산이
하나 있었다. 나는 이곳에서 푸른 바다와 푸른 산, 파란 하늘과 흰 구

름이 숨바꼭질 하듯 반복되는 장관을 보며 사색에 잠기곤 했다. 자연이 창조한 바다의 향연에 흠뻑 빠져 있노라면 어느새 하늘은 붉게 물들어 있곤 했다.

나의 부친은 집안 형편이 어려워 정규교육을 제대로 받지 못했다. 학교에 가는 대신 땔감을 구하러 산에 오르셔야 했던 탓이다. 그래서 당신은 학교를 제대로 다니지 못한 한恨을 늘 가슴에 품고 사셨다. 그래도 머리는 좋으셨는지 독학으로 중학교에 입학했고, 면서기로 일했으며, 6.25 한국전쟁 때에는 경찰관으로 마을을 지켰다.

이따금 약주에 취하신 날에는 나를 앉혀놓고 '너처럼 좋은 여건에서 태어났으면 나는 고시에도 합격했을 것'이라면서 열심히 공부에 매진할 것을 주문하셨다. 아버지는 자식들을 반드시 대학까지 가르치겠다는 확고한 신념을 갖고 있었다. 그래서 고향 마을에서 2km 정도 떨어진 곳에 중학교가 있었음에도 나를 항구도시 목포에 있는 목포사범대학 병설중학교에 보냈다. 초등학교 교사로 키우기 위함이었다. 그때가 1960년이었고, 이듬해 5.16혁명이 일어났다. 박정희 정권은 사범학교를 폐지하고 대신 교육대학을 신설한다는 정책을 발표했다. 사범학교가 없어지자 나는 인문계 고등학교인 목포고등학교에 입학했다.

유달산과 삼학도로 알려진 목포는 한반도 서남해안에 있는 다도해의 중심 도시다. 목포는 경제적인 활력은 부족했지만 크고 작은 섬과 바다가 어우러진 그림처럼 아름다운 항구 도시다. 남도 일대가 다 그랬듯 목포도 대표적인 예향의 도시다. 이런 곳에서 중고등학교 6년을 보낸 덕분에 나는 지금도 문화와 예술을 사랑하고 즐긴다.

교사에서, 외교관으로, 내무부 공무원으로

목포고등학교를 졸업한 뒤에는 고향에서 그리 멀지 않은 공주사범 대학에 진학했다. 당시 사범대학은 전국을 통틀어 국립인 서울사대, 공주사대, 경북사대 세 곳 뿐이었는데 이곳을 졸업하면 100% 중학교 교사로 임용되었다.

고등학교 시절에는 역사 과목을 무척 좋아했지만, 사회 분위기는 영어 교육이 더 시급할 것 같아 전공은 영어로 선택했다. 대학생활은 비교적 순탄한 편이었다. 어찌 보면 교사로서의 취직이 보장된 덕분에 나태한 면도 조금은 없지 않았다.

하루는 도서관에서 책을 읽다가 아버님이 술만 드시면 말씀하시던 '고시' 이야기가 떠올라 《고시계》라는 책을 펼쳐보게 되었다. 당시에 나의 관심은 고시예상문제나 판례집이 아니라 뒤편에 실려 있던 합격 수기였다.

우체국과 시골의 파출소에서 주경야독하며 어려움을 딛고 고시에 합격했다는 수기를 읽을 때마다 나도 그런 삶을 살고 싶다는 강렬한 충동이 마음속에서 일면서 인생의 목표를 새롭게 설정했다. 외교관이 되겠다는 새로운 생각을 갖게 된 것이다.

외교와 관련된 서적들을 탐독하는 동안 장면박사처럼 대한민국 대표로 유엔총회에서 연설하는 모습을 상상해 보았다. 그러자 나의 꿈은 좀 더 또렷해졌다. 35개월 간의 육군 군복무를 마치고 1973년 마침내 전라북도 부안군 하서중학교 영어교사로 발령을 받았다.

이때부터 낮에는 수업을 하고 밤에는 고시 공부를 하는 주경야독의 생활이 시작됐다.

봄이면 노란 유채꽃으로 둘러싸인 변산반도의 황홀한 자연 풍경이 나를 유혹했지만 이에 아랑곳 않고 고시 공부에만 몰입한 결과 1년 만에 외무고시 1차 시험에 합격할 수 있었다. 그리고 이듬해인 1975년, 제9회 외무고등고시에 당당히 합격했다. 최종 합격자 27명 중 서울대 출신이 15명이었고, 10명은 고대와 연대에서, 나머지 두 명은 나와 성균관대 법대 야간부 출신이 차지했다.

외무고시에 합격하자 고향의 부모님은 황소를 잡아 동네잔치를 열어주셨고, 이웃 고을 사람들까지 찾아와서 합격을 축하해 주었다.

"장허다! 장혀!"

감정 표현이 서투른 아버님은 그렇게 말씀하시면서 내 손을 꼭 잡아 주셨는데, 그날 아버님 손에서 전해온 따뜻한 온기는 죽는 날까지 잊지 못할 듯하다.

시골 중학교 영어교사에서 하루아침에 외교관으로 화려한 변신을 하여 외무부 중앙청사로 첫 출근을 하던 그날의 기억도 아직까지 생생하게 머릿속에 남아 있다. 1975년부터 1978년까지는 외무부에서 근무를 했다. 정보문화국, 국제경제국, 조약국 등을 거쳐 1년간 스페인 주재 한국대사관으로 파견되어 있는 동안 국립 마드리드대학에서 스페인어 연수를 받았다.

외교관 생활에 익숙해질 무렵 의외의 문제가 생겼다. 평생을 해외에서 살아야 하는 외교관이라는 공직 생활을 탐탁지 않게 여긴 아버님이 장남이 해외에 나가있는 자체가 못마땅했던지 '공직에 있으려면 외교관을 그만두고 고향의 군수로 내려오라.'고 말씀하셨다.

예상보다 강경한 주문에 고민을 거듭하다가 결국 아버님의 뜻을 따르기로 했다. 당시에 군수, 시장은 정부에서 임명했기 때문에 고향의 해남군수가 되려면 외무부에서 내무부로 자리를 옮겨야 했다.

국가사무관에서 지방사무관으로 강등되는 아픔을 겪으며 1979년 내무부로 자리를 옮겼다. 내무부는 전국 각 도와 시군구의 지방행정을 지휘 감독하는 강력한 권한을 갖고 있는 중앙행정기관이었다. 1979년부터 1986년까지 내무부에서 8년여 동안 근무하면서 지방행정과 지방 개발 분야에서 다양한 경력을 쌓았다.

그리고 군수 승진을 코앞에 둔 시점에서 청와대 회의에 참석했다가 당시 청와대 고위 공직자의 신임을 받아 청와대 정무수석 비서관실로 자리를 옮기게 되었다. 아버님이 그토록 원하던 해남군수는 못되었지만 그때부터 1993년까지 국정운영의 중추기관인 대통령 비서실에서 국가 경영에 관한 보좌업무를 수행하면서 최고의 국정 경험을 쌓을 수 있었다.

관선시장, 구리시와의 첫 만남

청와대에서 8년 동안 근무하면서 전두환, 노태우, 김영삼 등 대통령 세 분의 국정 운영을 성심성의껏 보좌했다. 이후 청와대 정무수석 비서관의 적극적인 추천으로 1994년 임명직 구리시장으로 발령을 받았다. 정무수석 비서관이 오랫동안 성실하게 대통령을 보좌해 온 나의

박영순 구리시장

경험을 높이 평가해 내무부에 추천한 것이다.

1994년 1월 구리시에서 보내준 관용차에 몸을 싣고 구리시청으로 향했다. 고향 해남군수가 되기 위해 외교관의 길을 접고 내무부로 전직한 지 15년 만의 일이었다. 어둠이 깔리고, 직장인들이 퇴근을 서두르는 저녁 무렵이었다.

서울 정부종합청사, 중앙청, 청와대 등지에서만 근무하던 내가 처음 접한 구리시청 청사는 너무도 낡고 초라해 마치 시골 면장으로 취임하는 것 같은 착각을 일으켰다. 구리시장으로 부임하기 전까지 나는 경기도 구리시에 대해 전혀 아는 바가 없었다. 그저 춘천이나 청평에 나들이를 갔다가 돌아올 때 차가 밀리면 정체되던 교문사거리 정도만 기억할 뿐이었다.

그런데도 내가 고향 해남군수가 아닌 구리시장을 선택한 것은 나름대로 그만한 사정이 있었다. 당시는 민선 자치단체장 선거를 앞두고 있던 시점이었다. 관선시장으로서 막차를 탔지만 서울과 가까운 경기도에서 시장을 맡고 있으면 서울로 돌아가기가 훨씬 수월할 것이라는 판단 때문이었다.

제7대 구리시장으로 재임한 기간은 정확히 15개월로 그리 길지 않았다. 그러나 이 기간 동안 내게는 많은 변화가 일어났다. 난생 처음 맡은 단체장을 통해서 많은 것을 배우고 경험했다. 중앙에서는 볼 수 없고 알 수 없었던 서민들의 풋풋하고 후덕한 인정도 물씬 느낄 수 있었다.

지방화 시대에 지방 행정을 어느 방향으로 추진해야 하는지를 점검해보는 좋은 기회이기도 했다. 서울 근교의 조그마한 도시 구리시가 가진 잠재력은 다른 어떤 도시와 비교해도 결코 뒤지지 않음을 확인할 수 있었다.

외교관 생활을 하는 동안 품었던 색다른 도시 건설의 꿈을 구리에서 펼쳐보고 싶은 생각이 들었다. 때마침 1년 간 나의 시정 추진 과정을 유심히 지켜본 정주일(코미디언 이주일의 본명) 의원이 초대 민선시장에 출마할 것을 강력히 권유하면서 하늘이 맺어준 구리시와의 인연이 본격적으로 시작되었다.

구리시와의 이별, 재회, 그리고 아픔

1년 남짓한 관선 구리시장의 짧은 시정 경험을 토대로 1995년 6월 27일 지방 선거에 초대 민선 구리시장 후보로 출마했다. 결과는 참담한 패배였다. 초대 민선 구리시장 선거에서 당선자와 2,000표 차이로 떨어진 것이다. 잘못된 상황 판단, 준비 부족, 그리고 섣부른 자만심이 빚어낸 당연한 결과였다.

선거에서의 패배보다 나를 더욱 고통스럽게 만든 것은 상대 후보 측에서 선거 기간 중 내내 집요하게 펼쳤던 흑색선전이었다.

당시 상대 후보는 '박영순은 선거에서 떨어지면 반드시 구리를 떠날 사람'이라고 외쳤지만 나는 지금까지도 구리를 떠나지 않고 있다. 선거 패배의 아픔을 뒤로 하면서 구리 재래시장에 허름한 사무실을 차렸다. 그 뒤 낯선 타관 객지에서 나는 감당하기 힘든 서러움을 처절하게 맛보았다. 그러나 이런 서러움은 서곡에 불과했다.

6.27 지방 선거가 끝나자 지역 정치권의 관심사는 자연스럽게 이듬해 4월에 치러질 제15대 총선에 집중됐다. 1996년 봄에 치러진 4.11 총선에 나는 자천타천으로 출마했다가 또다시 낙선의 고배를 마셨다. 이후 연이은 선거 패배로 만신창이가 된 몸과 마음을 추스르는 데 무려 3년이란 세월이 흘러야 했다. 이후 1998년 민선 2기 시장선거에서 당선되면서 시정에 복귀할 수 있었다. 4년 간의 공백은 오히려 구리시의 기본적인 발전 전략을 성찰할 수 있는 좋은 기회였다.

1998년 당시 구리시는 국가적으로 불어 닥친 IMF 환란과 또 다른 문제들로 골머리를 앓고 있었다. 대표적인 것이 토평지구 택지개발을 앞두고 토지, 건물, 공장 등에 대한 보상 문제와 농수산물도매시장의 임대분양 문제 등 신속하게 풀어야 할 현안들이 신임 시장을 기다리고 있었다.

1,100억 원대에 이르는 구리시의 부채와 님비현상으로 주민들의 격렬한 반대에 부딪친 소각장 건립 문제도 골칫거리였으나 20여 년 동안 중앙행정기관에서 배운 경험과 능력을 유감없이 보여줄 수 있는 좋은 기회였다.

민선 2기 구리시장 취임 초부터 퇴임 때까지 나는 1,460일 동안 정말로 열심히 일했다. 공휴일도 없이 뛰고 또 뛰었다. 매일 자정에 퇴근하는 고난의 긴 여정이었다. 그러던 내게 2002년 6월, 또 한 번의 시련이 찾아왔다.

세상은 온통 4강 신화를 이룩한 태극전사들의 월드컵 열기로 뜨거웠지만 나는 민선 3기 구리시장 선거에서 또다시 쓰디쓴 맛을 본 것이다. 그토록 꿈꾸었던 관광특구 추진 계획과 구리시를 한국 최고의 문화, 교육, 환경의 도시로 만들려던 계획을 모두 다 접고 쓸쓸히 퇴장해야 하는 고통은 참으로 견디기 힘들었다.

가슴으로 불렀던 구리사랑 노래

나는 산을 좋아한다. 제2의 고향이 된 구리시의 아차산을 특히 좋아한다. 눈 덮인 아차산은 정말로 아름답다. 어릴 때 고향의 뒷산에 올라 자연과 벗하는 법을 배웠다면, 사람과 벗하는 법은 제2의 고향인 구리시의 아차산에서 배웠다고나 할까.

어린 시절 혼자 오르던 산을 지금은 사람들과 함께 오른다. 산은 혼자 출발했어도 오르는 동안은 혼자가 아니다. 모르는 사람과 주고받는 인사, 함께 나누는 음식, 오르기 힘든 지점에서 내민 손을 마주 잡을 때 세상은 살만한 곳임을 느낀다. 그래서 나는 산이 좋다.

2004년 3월 5일 100년 만에 가장 많은 눈이 내렸다는 날, 이른 새벽에 아차산 등정에 나섰다. 온 세상이 하얀 눈으로 덮인 정상에 오르니 세상천지에 오로지 나 홀로 존재하는 것 같은 착각이 들었다. 눈밭에 쏟아지는 아침햇살이 너무도 눈부셨다. 잠시 동안 모든 것을 잊고 무아지경에 빠져들었다.

아차산의 설경雪景을 만끽한 탓이었을까. 들뜬 기분으로 눈 쌓인 비탈길을 내려오다 웅덩이에 발을 헛디디는 순간 왼쪽복숭아 뼈가 골절됐다. 진찰 결과는 생각보다 심했다. 즉시 접합수술을 받았지만 의사는 당분간 안정을 취해야 한다고 했다. 보름 동안 두문불출해야 한다고 생각하는 순간 뇌리를 스쳐가는 것이 있었다.

"잘됐다. 이번 기회에 낙선의 시련을 집필로 불태워보자."

관선시장 시절부터 맺어온 구리시와의 지난날의 인연을 떠올려 보았다. 특색이 없던 구리시에 새로운 색깔을 부여하려고 쓰레기더미로 황폐해진 한강 고수부지에 유채꽃과 코스모스를 심고 축제를 열던 일, 구리시민장학회를 발전시키고 다양한 교육 정책을 펴던 기억, 모두가 포기한 장자못을 장자호수공원으로 탈바꿈시킨 일, 님비현상이 심각한 자원회수시설에 구리타워를 세우고 체육 시설을 조성해 명소로 가꾼 일, 고구려 테마공원 조성 사업을 추진하던 일 등이 주마등처럼 뇌리를 스쳐지나갔다.

구리시 이야기를 통해 지방자치의 문제점과 보완책을 제시하고 타 자치단체에 지침서가 되길 바라는 마음으로 한 줄 한 줄 써내려가는 동안 지나온 세월도 정리되었지만 구리시의 미래에 대한 설계도 할 수 있었다. 나의 졸저拙著, 『가슴으로 부르는 구리사랑 노래』는 그렇게 탄생되었다.

2004년 12월 20일 인창도서관 대강당에서 출판기념회가 열리던 날, 현직 시장도 아닌 전직 시장의 행사에 사람들이 얼마나 찾아줄까 내심 초조하기까지 했다. 그런데 행사 시간인 오후 3시가 임박하자 2,000명이나 참석하는 대성황을 이루었다.

많은 시민들이 사인을 받으려고 줄까지 선 모습을 보면서 내 입가에도 모처럼 환한 미소가 피어났다. 지역 발전을 위해 설립한 구리미래

구리 한강시민공원의 코스모스

연구소를 통해 구리의 미래를, 구리 발전을 위한 블루오션을 확실하게 찾아 지역민들에게 보답해야겠다는 사명감이 새삼 솟구쳤다.

그리고 오랫동안 와신상담하며 구상한 비전과 정책을 실현할 수 있는 기회가 드디어 내게 찾아왔다. 2006년 5월 31일에 실시된 민선 4기 구리시장 선거에서 승리한 것이다. 모두가 패배한다고 예상했던 선거에서 밤 사이 반전을 거듭하다 상대 후보를 근소한 차로 따돌리는 기적과도 같은 역전 드라마를 연출하며 당선의 영광을 안은 것이다.

구리시만의 특징을 찾아라

사람들은 구리를 '특징이 없는 도시'라고 한다. 그러나 내가 파악한 구리는 결코 무색무취의 평범한 도시는 아니었다. 많은 사람들이 무심코 흘려 보았을 뿐 구리시에도 구리만이 갖고 있는 특징이 있었다.

구리시는 전국의 시 단위 자치단체에서 가장 작은 도시다. 구리시의 면적은 33.29km²로 지자체 중 면적이 가장 큰 안동시에 비하면 1/45밖에 되지 않는다. 가뜩이나 작은데 그중 전체 면적의 64.9%는 그린벨트로 묶여있어 개발할 수 있는 공간은 극히 제한적이다.

그러나 구리시는 서울 동북부의 관문이자 교통의 요충지다. 서울 도심과 가장 가까운 서울의 위성도시로 서울과 경기 동북부, 강원도와 연결되는 사통팔달의 교통망을 갖추고 있고, 중부고속도로와도 이어지는 등 전국의 모든 고속도로 및 서울외곽 순환도로와 연결돼 있어 교통이 아주 편리하다.

구리는 생산시설보다 소비 등 유흥과 관련된 3차 산업인 서비스업이 주류를 이루고 있다. 대부분의 땅이 그린벨트로 묶여 있고 수도권정비계획법 상 여러 가지 제약을 받고 있는데다 군사시설 및 상수원 보호구역으로 이중삼중의 규제를 받고 있다. 그래서 산업시설보다 유통, 물류, 소비 분야가 더 발달되어 있다.

대신 구리시에는 한강이 흐르는 등 자연 경관도 수려하다. 아차산은 남쪽으로 한강과 만나고, 북쪽으로는 동구릉까지 남북으로 길게 뻗어 있다. 아차산의 푸른 숲과 한강의 맑은 물, 왕숙천, 장자못 등이 펼쳐지는 구리시는 배산임수의 천하 명당이다.

그래서인지 구리시에는 역사적 유적지가 많다. 조선왕조 500년의 숨결이 서려 있는 동구릉과 아차산에는 고구려의 유물이 잘 보존되어 있다. 동구릉은 조선왕조를 개국한 태조 이성계를 비롯하여 선조, 영조, 헌종 등 임금과 여러 왕비 등 17위의 능이 모셔진 우리나라 최대의 왕릉군이다.

한강을 끼고 있는 아차산은 고구려, 백제, 신라의 전략적 요충지였다. 장수왕이 직접 군대를 이끌고 백제 정복에 나섰던 곳이며, 온달 장군이 전사한 이곳에는 15개의 고구려 보루가 있는데, 고구려 유물이 휴전선 이남에서 가장 많이 출토된 바 있다.

그러기에 세계문화유산의 하나인 동구릉과 고구려의 성지로 불리는 아차산이 있는 구리시는 역사문화교육관광콘텐츠를 무궁무진하게 개발할 수 있는 축복의 도시다.

구리타워와 자원회수시설

구리의 얼굴, 구리타워와 자원회수시설

구리타워는 구리시의 빼놓을 수 없는 세계적 명물이다. 2001년 말에 준공된 구리타워는 서울의 남산타워처럼 구리시민들에게 가장 사랑받는 구리의 랜드마크이자 구리시의 명소다.

구리소각장은 하루 200톤의 생활폐기물을 완벽하게 소각 처리하는 첨단 대기오염 방지 시설을 갖춘 친환경적 소각과 처리 과정의 투명한 공개 행정으로 님비현상을 극복한 우수 사례로 평가받고 있다.

이 때문에 전국의 지자체는 물론 유관 기관 및 일반인들이 매년 8만 명 이상 벤치마킹하기 위해 이곳을 방문한다. 구리자원회수시설은 중국, 일본 등 외국에도 널리 알려져 대한민국을 알리는 데 큰 몫을 하고 있다. 높이 100m의 소각장 굴뚝을 활용한 구리타워 1층은 갤러리를 갖춘 전망대로 무료 개방되고 있고, 2층은 멋진 경양식 레스토랑이 들어서 연인들의 데이트 장소로 인기를 얻고 있다.

부지 내에는 지상 2층 지하 1층, 연면적 1천 평 규모의 실내 수영장과 소각장에서 발생된 여열을 이용한 사우나 시설이 있고, 건물 바로 옆에는 1,200석 응원석까지 갖춘 국제 규격의 인조잔디 축구장, 게이트볼 코트, 롤러스케이트장 등의 체육시설이 있어 평일에는 1,000명, 주말에는 2,000여 명의 시민들이 이곳을 이용하고 있다.

쓰레기 소각장은 전국 어디서나 주민들의 극심한 저항에 부딪히는 대표적 혐오시설 중 하나다. 구리시의 경우도 예외가 아니었다.

관선시장 시절, 미국 스포캔 시를 방문했다가 소각장을 돌아볼 기회가 있었다. 소각장 운영의 핵심 과제는 최신 시설을 갖추는 일이지만 더 중요한 것은 젖은 쓰레기와 마른 쓰레기를 철저히 분리하는 일이다.

다이옥신의 공포로부터 벗어나게 하려면 소각장을 주민들의 편의시설로 다시 되돌려줘야 했다. 숙고 끝에 수영장과 잔디 축구장, 소각장 굴뚝을 이용한 전망대를 짓고 노인들을 위한 게이트볼 코트와 청소년들을 위한 농구장 겸 롤러스케이트장을 설치키로 했다.

수영장과 사우나 시설은 소각장에서 나오는 폐열을 이용하기로 했다. 축구장은 월드컵 영향도 있었지만 젊은 남성들이 가장 선호하는 생활스포츠여서 잔디구장에 대한 욕구가 높았다. 자원회수시설 내에 인조잔디 구장을 설치하고 야간 경기도 할 수 있게 시설을 보강했다.

소각장 굴뚝에 전망대를 설치하고 레스토랑까지 갖추면 굴뚝보다는 전망대로 인식하게 될 것으로 생각했다. 그런데 사업비가 23억 원이나 필요했다. 실패할 경우 시민의 혈세를 낭비했다는 비난을 받을 수도 있었으나 오랜 숙고 끝에 구리타워 조성 사업을 추진하기로 최종 결심했다.

사실 수도권에는 남산타워를 제외하면 이렇다 할 전망대가 없다. 따라서 남들이 미처 생각하지 못한 일을 최초로 시도하여 성공할 경우 보람도 클 것으로 생각했다. 사업 추진 과정에서 감사원의 반대도 있었으나 우여곡절 끝에 2001년 말 전망대를 갖춘 구리타워가 마침내 완공되었다.

구리타워를 설계하면서 가장 신경을 썼던 부분은 타워의 디자인을 어떤 모습으로 할 것이냐 하는 것이었다. 특히 야간에 조명을 잘해 놓으면 캄캄한 밤에 구리시를 지키는 등대 역할도 할 수 있을 것으로 생각했다. 결과는 적중했다.

2001년 12월 구리타워에 시범조명이 켜지는 광경을 보려고 시청 옥상으로 올라갔다. 하늘에서 번쩍이는 조명이 빛을 내뿜으며 온 세상을 환하게 밝히는 순간 '드디어 해냈구나!' 하는 탄성과 함께 안도의 숨을 내쉴 수 있었다.

제야의 마지막 날인 12월 31일에는 구리시민들을 모신 가운데 소각장 내 잔디구장에서 구리타워 조명 행사를 가졌다. 하늘에서는 점등행사를 축하하는 듯 우리를 향해 흰 눈까지 소복소복 내려주었다.

고구려의 부활을 꿈꾸다

아차산 일대는 한강을 끼고 있는 전략적 요충지다. 이곳은 4~5세기경 장수왕이 직접 군대를 이끌고 백제 정벌에 나섰던 곳이며, 온달장군이 전사한 곳이기도 하다.

1994년 관선 구리시장으로 구리시와 인연을 맺은 후 아차산의 지표조사를 실시했다. 이 과정에서 15개의 고구려 보루가 발견됐고 1997년부터 2001년까지 아차산 제4보루와 시루봉 보루도 발굴했다. 보루는 적을 방어하기 위해 돌, 흙 등의 재료로 견고하게 쌓은 것인데 이 보루 발굴 현장에서 남한에서 가장 많은 고구려의 유물 1,500여 점이 출토됐다.

1998년 민선 2기 구리시장으로 시정에 복귀하자마자 나는 아차산 일대의 고구려 유적을 발굴, 보존하는 일에 심혈을 기울였다. 2000년 구

리시를 '고구려의 도시'로 대내외에 선포하고, 그해 제1회 고구려문화
예술제를 개최했다.

고구려역사테마공원 조성 계획도 수립했다. 아차산 고구려역사테마
공원은 신라의 천년고도인 경주, 백제의 도읍지였던 부여와 공주에 견
줄 수 있는 고구려 타운을 구리시에 조성하는 사업이다. 고구려 역사
와 문화유산의 대부분이 중국과 북한에 있으므로 국민들이 고구려사
를 체험하기 위해 외국에까지 가야 하는 불편을 덜어주기 위해 준비한
초대형 고구려 프로젝트이다.

고구려역사테마공원 조성 사업엔 시루봉을 비롯한 2개의 고구려 보
루 복원, 고구려 박물관 건립, 고구려 성곽, 안학궁, 광개토태왕비, 장
수왕릉, 고구려 고분벽화 재현 등 다양한 고구려 역사 문화 체험 시설
이 포함돼 있다.

교문동 경관광장에는 광개토태왕 동상이 세워져 있다. 구리시 한복
판에 서 있는 이 동상은 형질인류학적 연구 방법을 동원해서 후손들의
얼굴을 토대로 광개토태왕의 얼굴을 과학적으로 재현한 것이다.

시청 앞에는 고구려의 도시를 상징하는 고각(북각)을 세웠다. 북각에
서는 매월 광개토소년단 북치기 행사가 열리고, 연초엔 이 북을 치면
서 새해를 맞이한다.

광개토소년단은 구리시 청소년들에게 민족 역사상 가장 광활한 영
토를 개척했던 광개토태왕의 기상을 심어주기 위해 운영되며, 매월 구
리시내 각 초등학교에서 남녀 학생 1명씩을 추천받아 시청 앞에서 고
구려 북을 치면서 자신의 소망을 기원하는 행사를 갖는다.

고구려대장간마을

토평지구 개발과 함께 광개토태왕 동상을 세우면서 도로의 명칭을 '장자못길'에서 '광개토대로'로 바꿨다. 구리시에 새로 들어서는 아파트 벽면과 쓰레기 소각장 건물 벽면에는 고구려 고분벽화인 수렵도를 그리도록 했고, 토평교에 세운 아치형 상징물은 고구려 장수의 투구모양으로 형상화했다.

구리문화예술제도 '고구려문화예술제'로 명칭을 바꿨다. 구리를 특징이 있는 도시로 만들려면 문화예술제 명칭에 '구리'라는 지명을 넣는 것보다 '고구려'를 넣는 것이 나을 것 같아서였다. 경주의 '신라문화예술제', 공주와 부여의 '백제문화예술제'와 맞먹는 전국 규모의 고구려 문화예술제로 육성하기 위함이었다.

고구려역사테마공원 조성과 관련하여 중국 측의 협력을 이끌어 내기 위해 고구려의 두 번째 수도인 중국 길림성 집안시(국내성)와 자매결연을 맺고 구리시와 집안 시간의 우호협력도 추진했다.

'고구려의 기상 대한민국 구리시'

민선 3기 단체장 선거에서 패배했을 때 가장 가슴이 아팠던 것은 민선 2기 시장으로 재임하면서 혼신의 노력을 기울여 추진하고 구상했던 각종 고구려 사업들이 순식간에 물거품이 되는 현장을 지켜볼 수밖에 없는 현실이었다.

중국의 동북공정으로 고구려 문제는 자치단체 차원이 아닌 국가적, 민족적 문제로 부각됐으나 정부는 전혀 관심을 기울이지 않았고, 고구려의 부활을 꿈꾸던 구리시도 고구려 관련 사업들을 유보하거나 없애기 시작했다.

여기에 대한민국의 중심 도시 서울은 위성도시인 구리시의 고구려 사업을 빼앗아가려 했다. 하늘은 스스로 돕는 자를 돕는다고 했던가! 2006년 5월에 치러진 구리시장 선거에서 상대 후보를 661표 차이로 따돌리는 드라마틱한 역전승을 거두고 민선 4기 시장으로 취임했을 때 나는 시정 구호를 '고구려의 기상 대한민국 구리시'로 정했다.

구리시의 미래를 고구려를 통해 대한민국 명품도시로 만들겠다는 의지를 강하게 표현한 것이다. 곧바로 조직 개편을 단행해 고구려를 전담하는 정책추진단을 신설했다. 그리고 민선 3기에 물거품이 돼버린 고구려 관련 프로젝트들도 모두 부활시켰다.

그 첫 번째 성과물이 고구려대장간마을이다. 구리시 아천동 우미내마을 일원에 조성한 고구려대장간마을에는 고구려 철제 무기 제련소와 전시장 등을 갖췄는데 인기 탤런트 배용준이 주인공으로 출연한 MBC-TV 드라마 〈태왕사신기〉의 보조 세트장으로도 사용되었다.

2008년 4월 공식 개장한 고구려대장간마을엔 수많은 외국인 관광객들이 방문하면서 지금은 수도권의 새로운 한류 관광 명소로 각광받고 있다. 유물전시관에는 아차산 보루에서 발굴된 고구려 유물들이 전시되어 있는데, 청소년들이 고구려의 진취적 기상과 찬란했던 문화를 배우고 이해하는 역사교육의 장으로 인기가 높다.

두 번째는 광개토태왕비 복제비 건립이다. 중국 집안현 태왕릉 가까운 곳에 실존하는 광개토태왕비는 높이 6.39m, 폭 1.35~2m의 거대한

구리 한강시민공원의 유채꽃밭

사각형 비석으로 동양 최대의 크기이다. 비석엔 고구려의 건국 사실, 광개토태왕의 활약상과 유훈 등이 새겨져 있다.

구리시는 중국 길림성吉林省 집안현集安縣에 있는 광개토태왕비 탁본을 바탕으로 고증 작업을 벌여 2008년 5월 23일 국내에서 가장 완벽하게 복원된 광개토태왕비 복제비 제막식을 가졌다. 광개토태왕의 동상 옆에 광개토태왕비를 세우면서 우리나라 고대 역사상 가장 웅혼했던 고구려의 역사를 국민들에게 널리 알릴 수 있게 되었다.

유채꽃 축제와 코스모스 축제

구리 한강시민공원 꽃 단지는 시민들이 즐겨 찾는 휴식공간이다. 이곳에서는 봄철엔 유채꽃 축제가, 가을철엔 코스모스 축제가 해마다 열린다. 1998년 민선 2기 시장으로 취임했을 때 업무 보고를 받다가 전임시장이 한강둔치를 체육공원으로 만들려는 계획을 진행했다는 것을 알게 되었다. 예산이 100억 원이나 소요되는 프로젝트였다. 당시는 IMF 환란 중이었고, 구리시의 부채도 1,100억 원이나 되는 상황이어서 일단 유보를 시켰다.

1999년 초 토평지구 택지 개발 사업이 착수되면서 아파트 단지 사업장에서 많은 양의 토사가 반출되는 것을 보는 순간 갑자기 뇌리를 스치는 것이 있었다. 반출된 흙을 한강둔치 땅 고르기 작업에 활용하면 100억 원이라는 거액의 예산을 들이지 않아도 운동장과 꽃 단지를 만들 수 있겠다는 생각이 들었다.

시청 간부회의에서 논의한 결과 '문제없다.'는 답변을 듣고 트럭 9,000여 대 분의 토사를 받아 땅 고르기를 마치니 참으로 장관이었다. 한강이 흐르는 14만 평의 부지에 무슨 그림을 그릴까 고민을 했다. 하얀 종이 앞에서 붓을 든 심정이었다. 고민 끝에 절반은 체육시설을, 절반은 꽃 단지를 조성키로 했다. 6만여 평의 꽃 단지 중 4만여 평에는 코스모스와 유채꽃을, 나머지 2만 평에는 장미원, 철쭉동산, 각종 꽃이 피어나는 화원과 잔디광장을 꾸몄다.

2000년 봄부터 마침내 꽃이 피기 시작했다. 이때부터 나는 아침저녁으로 한강둔치에 나가 새싹이 돋고, 잎이 나고, 꽃이 피는 모습을 매일 지켜봤다. 팔당댐 검단산 쪽에서 아침 해가 솟아오르면 꽃잎에 맺혀 있는 이슬들이 그렇게 영롱할 수 없었다.

꽃이 있으면 벌과 나비가 날아드는 건 자연의 법칙이다. 어디서 날아왔는지 수많은 벌과 나비들이 자연의 향연을 벌였다. 조용한 아침, 꽃향기며 벌과 나비에 하나가 되어 고요 속에 함몰되어가는 내 자신을 보면서 황무지였던 구리 한강둔치에 찬란한 아름다움과 신비한 자연의 조화를 허락해주신 신께 감사를 드렸다.

코스모스 꽃 단지의 작황이 좋은 것을 보고 코스모스 축제를 열기로 했다. 축제다운 축제를 해본 적이 없는 구리시여서 이 축제에 잔뜩 기대를 걸었다. 제1회 구리한강코스모스축제는 그렇게 시작됐다. 구리 시민은 물론 수도권을 비롯한 전국에서 관광객들이 몰려들었다. 언론의 힘이 컸다. 공중파 TV 방송은 물론 중앙지와 지방지들이 앞 다투어 코스모스가 물결치는 장관을 전국에 생생하게 보도한 덕분이었다.

코스모스는 가을에만 핀다. 그러나 가을 며칠만 코스모스를 구경하는 것으로 만족하기엔 한강둔치는 너무 넓은 땅이다. 봄에 이곳을 화려하게 장식할 꽃은 없을까? 그때 불현듯 떠오르는 기억이 있었다. 군복무를 마치고 첫 직장으로 전북 부안군 변산반도의 한 시골 중학교 영어교사로 있을 때 현란할 정도로 아름다웠던 바닷가 유채꽃의 추억이었다.

구리시 한강시민공원에 유채꽃을 심었다. 그러나 2001년 첫 번째 유채꽃 파종은 실패로 끝났다. 척박한 토질 때문에 밭작물인 유채꽃이 제대로 자라지 못한 것이다. 상수원보호구역이어서 비료도 사용할 수 없었다. 힘들지만 유기농법을 활용해야 했다.

이듬해, 다시 가을에 심었던 코스모스 잎과 줄기, 인근 잡초들을 흙과 함께 갈아엎어 풍화작용을 촉진시켜 지력을 높였다. 한강물을 끌어들여 충분히 물을 주고 유채꽃을 다시 심은 결과 이듬해 유채꽃이 화려하게 만발했다. 덕분에 가을의 코스모스 축제와 더불어 봄에 열리는 유채꽃 축제도 구리시의 대표적 축제로 자리매김했다.

세계 3대 디자인 도시의 꿈, 구리월드디자인센터

월드디자인센터와 고구려테마공원, 생태테마공원을 종합한 'NCD 2015프로젝트'는 구리시의 백년대계를 탄탄하게 책임질 밑거름 사업들이다. 구리시의 발전은 NCD 2015프로젝트에 달려 있다고 해도 과언이 아니다. 이 중 가장 큰 것이 내가 사활을 걸고 추진해 온 구리월드디자인센터다.

구리시가 추구하는 디자인도시는 서울의 디자인도시와 크게 다르다. 이탈리아의 밀라노, 미국의 노스캐롤라이나에 이어 구리시를 세계 3대 디자인도시로 만들려는 야심찬 계획이다.

'NCD Nature, Culture, Design 2015프로젝트'는 그린벨트 해제 예정지인 구리시 토평동 한강변 338만㎡에 국내외 디자인 관련 업체 2,000여 개가 입주하게 하여 구리시를 명실상부한 세계적인 디자인도시로 가꾸려는 초대형 사업이다.

오는 2011년까지 그린벨트가 풀리면 곧바로 SPC(특수목적법인)를 설립해 민자, 외자 등 6조 5,000억 원의 유치에 나설 계획인데 이미 입지 여건이 좋은 구리시에 들어오려는 세계적인 디자인 회사들과 입주 상담까지도 진행 중이다.

민선 5기 지방 선거 직후 나는 미국에 들러 60여 개 기업들이 참여한 미국 협의체인 US Advisory Board를 구성하고 월드디자인센터에 외국 기업을 유치하기 위한 양해각서 MOU도 체결했다. 세계적인 디자인엑스포 그룹 HD Hospitality Design, 국제건축디자인자재협회 ISHP 등과 양해각서를 체결하는 등 월드디자인센터 건설 계획도 상당히 진행됐다.

월드디자인센터 건설과 세계디자인엑스포가 유치되면 14만 명의 고용 창출과 매년 27조 원 이상의 경제적 파급 효과가 발생한다. 이렇게 되면 자족 시설이 부족한 구리시는 시민들의 소득 증대를 위한 성장 동력을 확보할 수 있게 된다.

구리월드디자인센터는 선진국의 핵심 산업 중 하나인 건축 내·외장

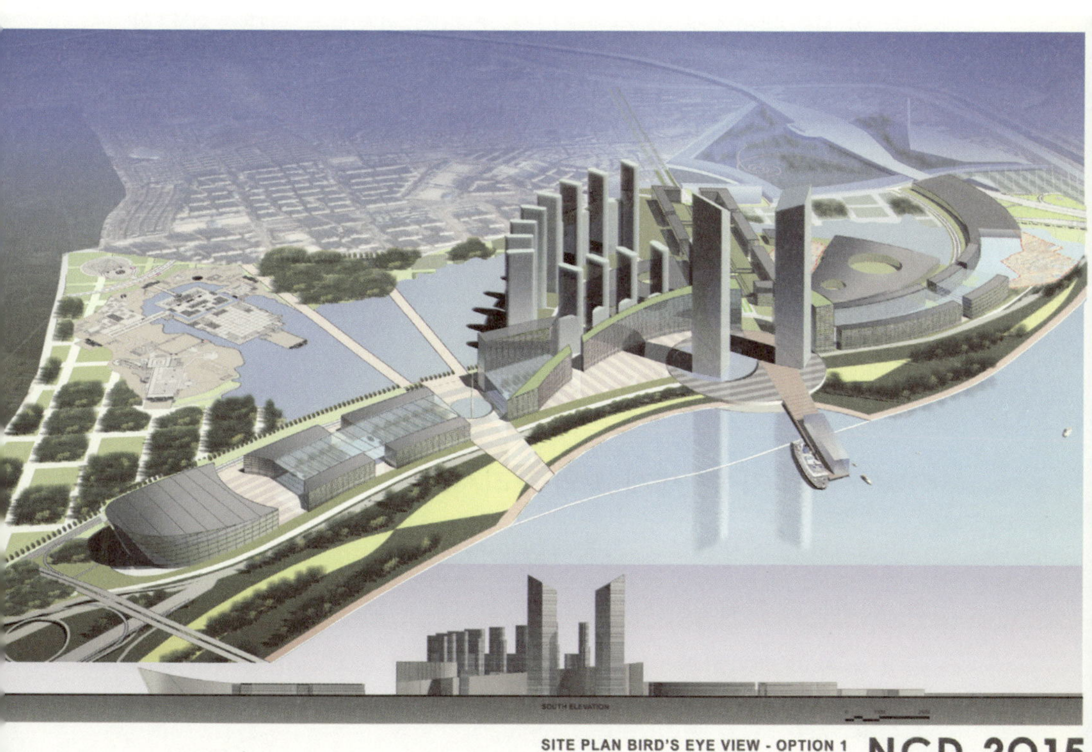

구리월드디자인센터 조감도

재 디자인 산업을 테마로 국제적인 디자인센터를 조성하는 일이다. 월드디자인센터는 고급 호텔 등 건축물 인테리어를 주문 생산하는 디자인 산업을 겨냥하고 있다. 미국의 아시아본부를 구리시에 유치하면 한국은 이 분야에서 아시아 전체 시장의 리더로 성장하는 토대를 마련할 수 있다.

당연히 부지 안에는 고구려역사테마공원, 자연생태공원을 함께 조성해 테마관광 기능도 갖춘다. 월드디자인센터 조성 사업은 워낙 규모가 커서 결코 쉬운 사업은 아니다. 그러나 2015년까지 이 사업을 마무리하는데 내 모든 열정을 바칠 생각이다.

'고구려의 기상! 세계 속의 구리시'

민선 5기 구리시장 후보로 출마했을 때 나는 '이미 시작된 놀라운 구리, 여러분과 함께 완성하겠습니다!'라는 선거 슬로건을 내걸었다. 그리고 놀라운 구리시를 만들기 위해 민선 5기에 추진해야 할 8개 분야 37건의 공약사업을 제시했다.

2010년 7월 5일 구리시는 민선 5기 시장공약사항 기본계획 검토보고회를 마치고 8개 분야 42건의 공약에 대한 기본계획을 확정했다. 이중 6대 핵심 공약을 소개하면, 첫째는 민자, 외자 등 6조 5,000억 원을 들여 토평동 한강변에 '구리월드디자인센터GWDC'를 건립하는 초대형 프로젝트다.

두 번째는 인창동 롯데마트 부지에 들어설 교육, 상업, 문화, 업무시설을 갖춘 대규모 복합단지인 '이 타운E-Town' 건립 사업이고, 세 번째는 구리월드디자인센터와 연계한 인창·수택동 207만㎡ 부지에 대한 뉴타운 조성 사업의 성공적 추진이다.

네 번째는 글로벌 인재 교육의 전당 구리글로벌리더십센터 건립 사업이고, 다섯 번째는 교문동 624번지 일원 월드디자인센터 부지 내에 2015년까지 고구려역사테마공원을 조성하는 사업이다. 여섯 번째는 2009년 유네스코 세계문화유산으로 등록된 조선시대 왕과 왕비의 능이 모셔진 동구릉 주변을 정비하는 조선왕조역사문화공원 조성 사업이다.

구리시의 시정 구호를 민선 4기 때의 '고구려의 기상! 대한민국 구리시!'에서 민선 5기에 '고구려의 기상! 세계 속의 구리시!'로 정한 것은 고구려의 기상으로 이제는 대한민국을 넘어 세계로 나아가자는 의지를 표현한 것이다.

대한민국을 넘어 세계로 나아가려면 대한민국이 아니라 세계 속의 모델이 되는 도시를 건설해서 세계의 모범이 되고 벤치마킹의 대상이 되는 도시로 가꾸어야 한다. 푸른 숲과 아름다운 강이 있는 교통의 요충지로서 싱가포르와 스위스처럼 작지만 강한 도시, 누구나 살고 싶은 구리시를 가꾸자는 것이다.

NCD 2015프로젝트와 더불어 구도심 지역인 인창·수택지구의 뉴타운이 완성되면, 구리시는 5년 이내에 분당과 과천을 뛰어넘어 강남과 맞먹는 도시로 거듭날 수 있다. 시민과 공무원이 힘을 모아 함께 노력하면 고구려의 기상으로 세계 속의 구리시로 비상할 날도 얼마 남지 않았다.

구리 한강시민공원의 대형 태극기

'태극기의 도시'를 선포하다

미국에 출장을 가보면 유난히 성조기가 많이 걸려 있는 것을 볼 수 있다. 시골의 작은 숙박업소에도 대형 성조기가 걸려 있다. 성조기로 된 옷도 즐겨 입는다. 장례식 때 사용되는 관棺도 성조기로 감싼다. 무슨 의미일까. 'USA'로 온 국민을 감싸 안으려는 의도다.

미국은 다민족 국가이고 건국 역사도 짧다. 반면에 우리나라는 오랜 세월 동안 단일 민족 국가였고, 반만년 역사를 자랑한다. 나는 국민을 하나로 뭉치는 가장 상징적인 것이 태극기라고 생각한다. 구리시는 2010년 8월 15일 제65회 광복절을 맞아 전국 지자체 중 처음으로 '태극기의 도시'를 선포하고 태극기 사랑 범시민 운동에 나서고 있다.

요즘은 3·1절, 제헌절, 광복절, 개천절 등 태극기를 게양하는 4대 국경일에도 태극기를 게양하지 않는 가정들이 있다. 구리시는 지난 2008년부터 태극기 사랑 범시민 실천 운동을 다양하게 전개하고 있다.

구리 한강시민공원에 높이 50m의 대형 태극기(8m×12m) 게양대를 설치하면서 구리시민과 강변북로를 오가는 수도권 시민들에게 호평을 받고 있다. 앞으로는 대형 태극기 게양대 일대에 태극기의 역사, 형식, 태극과 4궤의 의미 등을 한 자리에서 살펴볼 수 있는 태극기 홍보관 또는 자료관도 조성할 계획이다.

구리시는 3년 전부터 태극기 거리를 조성해 시내 어디서든 태극기를 볼 수 있도록 했다. 구리시의 주요 도로인 장자대로, 건원대로, 동서남북에서 들어오는 시 경계 진입로 등에는 배너형 태극기를 연중 게양하고 있다. 동별로 시범 아파트를 지정하여 시민 스스로 태극기를 구입해서 연중 게양하도록 했다.

외무부에서 일할 때 나는 젊은 외교관으로서 3·1절 노래를 부르다 뜨거운 눈물을 쏟았던 기억이 있다. 그 후부터 태극기 선양운동을 해야겠다는 생각을 하다가 2008년부터 이를 실천에 옮겼는데 시민들의 호응이 좋아 이번에 태극기 도시 선포식을 가진 것이다.

앞으로도 태극기 선양사업을 보다 적극적으로 추진하기 위해 조례를 제정하고, 국기선양위원회를 구성하는 한편 '태극기의 도시' 선포를 계기로 범시민적인 태극기 사랑 실천 운동을 다채롭게 전개할 생각이다.

구리시가 명품도시가 되려면?

도시가 살기 좋은 명품도시가 되려면 어떤 조건이 필요할까. 맑은 공기와 교육, 문화가 발달하고, 교통이 편리하며, 각종 사회복지제도가 완벽하게 갖춰진 도시가 되어야 한다. 명품도시가 되려면 두 가지 전제조건이 필요하다. 첫째는 넉넉한 재원을 지속적으로 확보할 수 있어야 하고, 둘째는 유리한 자연 입지 여건을 갖추고 있어야 한다.

이런 시각에서 볼 때 구리시는 첫 번째 조건은 극히 비관적이다. 재정자립도가 50%를 밑돌고 있을 정도로 재정 기반이 취약하기 때문이다. 반면에 두 번째 조건은 매우 좋다. 천혜의 자연환경을 갖추고 있고, 서울과의 접근성이 양호하기 때문이다. 그렇다면 구리시는 첫 번째 조건을 극복할 수 있는 전략만 개발하면 된다. 구리시가 갖고 있는 장점을 충분히 활용하면 스스로 재원을 마련할 수 있다. 해법은 수도권 최고의 관광도시, 즉 관광특구를 만드는 것이다.

1970년대 중반, 외교관으로 스페인 주재 한국대사관에 근무하던 시절, 유럽의 여러 나라를 돌아볼 기회가 있었다. 그때 이탈리아와 스페인 두 나라는 세계 2대 관광대국으로 엄청난 외화를 벌어들이고 있었는데 관광 산업의 수익이 제조업보다 훨씬 높았다.

구리시를 관광특구로 개발하겠다는 발상은 세계 3대 소국의 하나인 '안도라'를 여행하면서 떠오른 생각이다. 스페인과 프랑스의 경계를 긋는 피레네 산맥 한가운데 양국의 국경에 위치한 산 속에 형성된 도시국가 '안도라'는 면세, 자유무역, 아름다운 숲 등 천혜의 자연환경 등 3대 관광 자원을 활용하여 막대한 관광 수입을 올리고 있었다.

구리시도 서울과의 접근성, 전망 좋은 한강변, 특급관광호텔로 손꼽히는 워커힐 호텔, 그리고 교통의 요충지에 있어 기본 자원은 두루 갖추고 있는 셈이다. 그러나 구리시가 많은 관광객들을 불러들이려면 더 많은 관광 자원을 지금부터 새롭게 구축해야 한다.

구리시는 사계절 꽃향기가 가득한 아름답고 깨끗한 녹색 환경도시로 바뀌고 있다. 아차산과 한강이 조화롭게 어우러진 구리시는 도시 면적의 상당 부분이 개발제한구역으로 묶이면서 자연스럽게 울창한 숲과 드넓은 녹지를 보유하고 있다.

구리시는 건설교통부(현 국토해양부)에서 주최한 '살고 싶은 도시 만들기 대상'에서 3년 연속 '환경도시 대상'을 수상했고, '지속 가능한 도시 대상' 친환경 부문에서도 두 차례나 최우수상을 받을 정도로 전국에서도 손꼽히는 환경도시가 됐다.

100m 높이에 설치된 친환경 시설인 구리타워는 구리를 대표하는 랜드마크 역할을 하고 있다. 이곳 레스토랑에서는 주변 경관을 즐기며 멋진 음식을 맛볼 수 있고, 전망대에서는 한강과 아차산 등이 한눈에 들어온다.

구리시를 대표하는 수변공원인 장자호수공원과 자연생태학습장은 국내외의 벤치마킹 대상으로 유명해졌다. 40여만㎡의 한강둔치에 조성된 꽃 단지는 수백만 명의 관광객들을 불러 모으고 있다. 그러나 더 많은 관광객들을 불러들이기 위해서는 볼거리, 놀거리, 살거리, 먹거리 등을 고루 갖춰야 한다.

수백만 명이 찾아오는, 수도권 대한민국을 대표하는 관광특구 구리시를 만들기 위해 첫째는 지하철과 경전철 망을 구축해야 하고, 두 번째는 다양한 테마를 갖춘 관광 자원을 확보해야 한다.

셋째는 막대한 재원 확보 및 각종 규제를 극복할 수 있는 대책이다. 아무리 계획이 좋아도 재원이 없으면 이를 추진할 수 없다. 구리시에 천혜의 관광 자원을 제공하면서 동시에 개발의 발목을 잡아온 그린벨트를 어떻게 풀어나가고 수도권정비계획법 등 관련법 규제를 완화해나갈 것인가도 해결해야 할 중요한 과제다.

구리시는 제반 여건을 감안할 때 문화도시로 발돋움하는 관광특구 지정 전략이 가장 바람직하다. 그러나 이를 실현하려면 시민 모두가 한 마음 한 뜻이 되어 구체적인 실천 계획을 수립하고 이를 하나씩 실천해나가야 한다.

문화는 도시의 경쟁력이다

문화란 무엇일까. 비슷한 용어인 '문명'이 물질적 측면을 강조한다면 '문화'는 정신적 측면을 강조한다. 역사상 문화와 문명은 상호 보완적 관계에서 진화하고 변화하였다.

인류의 역사를 되돌아보면 황하 강, 인더스 강, 나일 강, 메소포타미아 강을 중심으로 소위 4대 고대문명이 발생하였다. 고대에서 중세를 거치는 동안 문명의 축은 그리스와 로마를 중심으로 한 지중해 문명권이 세계를 지배했다.

이것이 중세 암흑기를 지나 근대 제국주의 시대를 거치는 동안 포르투갈, 스페인, 프랑스, 독일, 그리고 영국과 미국을 중심으로 한 대서양 문명권이 오랫동안 세계를 지배했다. 현대에 이르러서는 미국을 중심으로, 최근에는 일본과 중국이 가세하여 형성된 태평양 문명권이 세계의 새로운 힘의 원천으로 떠올랐다.

역사상 고유문화를 창조하고 이를 잘 지켜온 민족은 지금까지 생명력을 잘 유지해오고 있다. 반면에 중원은 통일했어도 독자적 문화가 없었던 만주족과 몽고족은 결국 중국문화에 동화되면서 민족 자체가 아예 사라져버렸거나 극히 미미한 존재로 쇠락했다.

문화는 이처럼 국가나 민족이 생존을 유지하는 힘의 원천이다. 한때는 체력이 국력이라고 했지만 지금은 문화, 지식, 정보력이 국력을 좌우한다. 지식과 정보, 문화적 토대가 취약하면 지속적인 발전을 기약할 수 없다. 때문에 모든 국가들은 자국의 문화 발전을 위해 노력을 기울이고 있으며, 지자체들도 마찬가지로 문화산업 육성을 통하여 부가

가치를 높이려 하고 있다. 문화는 결코 멀리 떨어진 거창한 것이 아니라 우리들 일상의 삶과 가까운 곳에 존재하고 있다. 따라서 자치단체들도 문화적 수준을 높여야 한다.

문화 분야에 경쟁력이 없으면 미래에 대한 설계도 할 수 없다. 불과 10년 전까지만 해도 사람들은 구리시를 서울 동쪽 망우리 고개 너머의 유흥도시로 기억하고 있었다. 구리시가 문화도시가 되려면 이러한 부정적 이미지에서 탈피해 품격 높은 도시로 거듭나야 한다.

구리시의 궁극적인 발전 전략은 문화도시가 되는 것이다. 이는 구리시의 생존 전략과도 맞물려 있다. 따라서 마땅한 생산 기반이나 소득 창출 기반이 없는 구리시는 문화산업을 집중적으로 육성해야 한다.

역사 없이는 민족의 미래도 없다

'역사는 생명이다. 역사를 잃어버린 민족은 생명을 잃어버린 것과 같다. 중국의 동북공정은 동아시아의 패권자가 되려는 은밀한 수순이며, 동아시아의 종주국 노릇을 할 근거를 마련하기 위해 주변 민족의 역사를 흡수하려는 술책이다.'

고구려 박사 윤명철 교수가 2004년 7월 경향신문과 가진 인터뷰 내용이다. 이 내용이 가슴에 와 닿았던 것은 나도 고구려와 깊은 인연을 맺고 있기 때문이다. 1994년 구리 관선시장 시절에 구리시를 감싸고 있는 아차산에 대한 지표를 조사하다가 고구려의 유물이 1,500여 점 이상 출토되는 것을 보면서 고구려에 빠져들었다. 1998년 민선 2기 시

장자호수공원

장으로 당선되었을 때 아차산에 1,500년 전 고구려를 재현하는 고구려 유적공원 조성 계획을 곧바로 추진했다. 이후 구리시를 고구려의 도시로 선포하고, 본격적인 고구려 프로젝트에 들어갔지만 임기 4년의 짧은 기간에 방대한 계획을 완성할 순 없었다.

중국은 최근 한민족의 역사, 한민족의 영토, 그리고 한민족의 문화를 강탈하기 위해 동북공정이라는 이름으로 한반도를 삼키려 하고 있다. 그러나 정부 당국은 이에 적절한 대응을 하지 못하고 있다.

이대로 가다가는 민족의 역사를 잃어버리고, 민족의 영토를 유린당하고, 민족의 문화를 송두리째 빼앗길 수도 있다. 고구려의 역사를 지키지 못하면 중국의 주장대로 '고구려의 역사=중국의 역사'라는 논리가 국제사회에 통용될 것이고, 이렇게 되면 '고구려 옛땅 북한=중국 영토'라는 엄청난 논리의 비약도 이루어진다.

역사를 강탈해 간 '강도 일본'에 이어 '강도 중국'도 숨겨둔 야욕을 드러내며 한국사의 체계를 뿌리째 흔들고 있다. 중국은 한민족의 고대사를, 일본은 한민족의 근대사를 각각 날조해 한민족의 정체성과 한민족의 자긍심을 무참히 짓밟고 있는 것이다.

한국과 일본, 한국과 중국의 역사 전쟁은 단순한 갈등과 분쟁의 개념이 아니다. 이는 우리 민족의 미래는 물론이고, 한국과 중국, 한국과 일본의 미래 관계에 큰 영향을 미친다. 따라서 우리는 중국과 일본의 치밀하고 계획적이며, 중장기적인 역사 침탈에 현명하게 대처하지 않으면 안 된다. 정체성이 없는 민족은 번영과 발전을 이룰 수 없고, 그 위업이 제 아무리 성대하고 화려해도 사상누각이 될 수 있다.

고구려가 없으면 우리의 역사와 민족은 뿌리째 없어지므로 민족의 미래는 없어지게 된다. 더 이상 머뭇거릴 시간이 없다. 우리 모두 중국의 동북공정에 맞서 국민의 힘으로 이 나라와 이 민족을 지켜내야 할 때다.

성공한 자치단체장이 갖춰야 할 덕목들

다산 정약용 선생은 대표적 저서인 『목민심서』의 첫 장에서 '다른 직은 다 구해도 목민관만은 구하지 말라.'고 경고했다. 목민관은 이처럼 직급을 떠나 백성들의 생활과 생존에 직접적 영향을 미치므로 어떤 의미에서는 조정의 고위직보다도 더 중요하다.

세월이 흐르고 시대는 변했지만 다산의 가르침은 민선 자치 시대에도 새로운 의미로 다가온다. 관선 시절 단체장들은 중앙의 지시나 지침을 충실히 이행만 하면 능력 있는 단체장으로 평가받았다. 지방의 발전 계획이나 전략 수립 문제도 전적으로 중앙정부의 몫이었다. 단체장은 그저 중앙의 정책과 계획을 그대로 집행만 하면 됐었다.

그러나 지금은 사정이 달라졌다. 1995년부터 민선 자치 시대가 본격적으로 개막되자 중앙정부도 지방분권을 국정의 핵심 과제로 설정하고 중앙의 권한을 지방으로 이양하는 프로그램들을 진행하고 있다. 그렇다면 성공한 단체장이 되기 위한 필수 덕목은 무엇일까?

첫째, 단체장은 확고한 철학과 비전이 있어야 한다. 민선 자치 실시 초기에 상당수 지자체의 경우 민선 단체장들은 단체장이 무엇을 하는 자리인지에 대한 정확한 이해도 없이, 그저 지역의 오랜 연고와 기반, 조직을 토대로, 중앙정치로 가기 위한 발판으로 삼는 사례들이 없지 않았다.

둘째, 행정의 전문성과 다양한 경험을 겸비해야 한다. 지방 행정은 '종합 행정'이다. 외교, 국방, 통일, 검찰, 경찰, 세무, 교육 등 일부 국가 사무를 제외한 중앙정부의 모든 일은 지방 행정이란 창구를 통하여 국민들에게 도달한다.

'국가 사무' 외에 지역의 일을 주민 스스로 결정하고 처리해 나가는 '자치 사무'는 단체장의 권한에 속한다. 따라서 지방정부를 이끌어갈 단체장은 행정의 전문성과 다양한 경험을 갖추고 있어야 한다.

셋째, 공직사회를 잘 이끌어야 한다. 구리시에는 부시장을 비롯한 직업 공무원과 청경, 일용직 등 700여 명의 공무원이 있다. 이들 공무원이 움직이지 않으면 자치단체는 한 발자국도 전진할 수 없다. 민선 시장이 제아무리 뛰어난 철학과 비전, 행정 경험이 풍부해도 공무원들이 움직여 주지 않으면 어떤 일도 효율적으로 추진하기가 어렵다. 따라서 단체장은 도덕적으로 사심이 없어야 하며, 솔선수범하는 자세가 중요하다. '인사는 만사'라는 말이 있듯이, 정실인사를 배제하고 능력 위주의 인사를 해야 한다. 입장이 다르다고 편 가르기나 하고 뜻이 다르다고 보복을 일삼으면 공직사회는 반목과 갈등으로 얼룩지고 방관이 팽배해 진다. 물론 그 피해는 고스란히 시민들에게 돌아간다.

공무원은 시민들을 위해 봉사하는 사람들이다. 그렇다고 공직자는 무조건 봉사해야 한다는 낡은 생각은 버려야 한다. 시대가 변한 만큼 공직사회도 변하고 있다. 이제는 기업의 인센티브 제도를 공직사회에서도 도입하여 공직자들의 사기를 진작시켜야 한다.

넷째, 중앙정부의 예산 흐름과 편성을 알고 예산을 원활하게 지원받을 능력을 갖추어야 한다. 모든 자치단체, 특히 재정자립도가 낮은 지자체들이 지역 발전을 위한 대규모 프로젝트들을 추진하려면 중앙정부의 지원이 절대적으로 필요하다. 중앙정부의 지원은 국비 등 예산지원을 의미한다. 여기에는 지역 발전에 걸림돌이 되는 법률 규제나 제도를 개선시키는 일도 포함된다.

다섯째, 반대 집단까지도 포용할 수 있는 사회 통합 능력이다. 인간 사회에는 늘 반대파가 있기 마련이다. 더욱이 치열한 선거를 통해 선출된 민선 단체장의 경우 정치적으로 반대 세력이 존재하는 것은 당연하다. 지방자치가 올바르게 발전하려면 건전한 비판과 대안을 제시할 수 있는 견제 세력도 필요하다. 때문에 나와 의견이 달라도 지혜롭게 의견을 수렴하고 조율할 수 있어야 한다.

여섯째, 국제적 안목과 식견을 갖추는 일이다. 지금 우리는 세계화의 물결을 타고 있다. 국내 도시들 간에도 치열한 경쟁을 하고 있지만, 동시에 선진 외국 도시들과의 경쟁에서도 이겨야 한다. 따라서 선진국의 행정 사례를 도입하는 일은 매우 중요하다.

관광테마도시를 지향한다면, 싱가포르, 스위스 등 관광 선진국에서 배워야 한다. 친환경도시를 만들려면 외국의 생태환경도시에서 배워오지 않으면 안 된다. 민선 시대의 단체장은 국제적 안목을 바탕으로 선진 자매도시와의 교류 활동을 강화하면서 국제적 안목과 식견을 갖춰야 한다.

일곱째, 의회와 함께 호흡하는 상생의 동반자 관계가 되어야 한다. 집행부와 의회가 감정적 대립을 보이면 후유증은 결국 지역 전체의 피해로 귀착된다. 단체장은 의회와 함께 호흡하는 상생의 정치, 지혜로운 시정을 펼쳐야 한다. 제 아무리 시정을 잘 이끌어도 의회를 외면해서는 성공한 단체장이 될 수 없다.

지방의회와 단체장 간의 협조와 견제가 잘 이루어질 때 균형 발전이 가능하다. 단체장과 의회는 고유의 영역과 권한을 인정하고 서로 존중하면서 견제와 협력의 관계를 유지할 때 생산적이고 합리적인 행정이 가능하다. 모든 것이 지역과 지역민을 위한 선택이라는 생각으로 의회와의 상생관계를 유지하기 위해 큰 일에서부터 사소한 문제에 이르기까지 포용과 협력의 정치를 펴나가야 한다. 이런 것들이 성공한 단체장의 핵심 덕목임은 말할 것도 없다.

내일의 성공은 꿈꾸는 사람의 몫

관선시장으로 구리시와 운명적인 만남을 맺은 1994년 1월 이후, 나는 선거라는 제도 속에서 절망과 기쁨이 교차하는 인생 역경을 숱하게 경험했다. 이 과정에서 구리시를 위한 나의 애증도 깊어만 갔다.

때로는 포기하고도 싶었다. 벗어나고 싶을 때도 있었다. 그러나 인생은 항상 승리하지도 않고 항상 패배하지도 않는다. 승리와 패배는 그저 반복될 뿐이다. 문제는 승리했을 때 어떤 '자세'를 갖고 패배했을

동구릉

때에 어떤 '생각'을 하느냐에 달려 있다.

구리를 사랑하고, 구리시민을 위한 나의 진실이 언젠가는 통할 것이라는 확신이 있었기에 지금까지 온 가슴으로 구리사랑 노래를 불렀다. 그리고 구리시 발전을 위해 밤낮없이 혼신의 노력을 기울였다.

지난 16년 동안 나는 구리시의 눈부신 발전을 견인해 왔다고 자부한다. 예전의 장자못은 정말 오랜 세월 동안 썩은 물이 괴어 있던 방치된 호수였다. 그런데 지금의 장자호수공원은 구리시의 명소를 넘어 대한민국을 대표하는 자연생태공원으로 바뀌었다. 봄이면 유채꽃 축제, 가을이면 코스모스 축제로 이미 수도권 최고의 명소가 된 구리한강시민공원은 10여 년 전만 해도 잡초와 쓰레기로 가득 찬 황무지였다.

구리타워를 포함한 자원회수시설도 세계적인 친환경시설로 자리매김했다. 지난 4년 동안 범시민 운동인 ABC Amazing, Beautiful, Clean 구리운동과 거실을 서재로의 독서운동, 전국평생학습축제를 개최하면서 구리시는 친환경도시, 평생학습도시, 그리고 문화도시로 거듭났다.

이제 구리시는 더 이상 서울 동쪽의 변방 도시가 아니다. 전국 어디에 내놓아도 결코 뒤지지 않는 경쟁력을 갖춘 작지만 강한 도시로 성장했다. 20만 시민들이 자긍심을 느낄 수 있는 살기 좋은 도시로서의 기반과 면모도 갖췄다. 깨끗하고 아름다운 자연 환경, 편리해진 교통망, 자랑스러운 역사와 문화를 바탕으로 미래의 꿈과 희망을 노래할 수 있게 되었다. 서울 동쪽의 명품도시로서의 꿈도 더 가시화할 수 있게 되었다.

구리시가 오늘날의 위상과 품격을 갖추고 지속가능한 성장 동력을

고구려의 웅혼한 기상을 되살리고자 하는 염원을 담은 광개토태왕비의 복제비

확보할 수 있었던 것은 구리시민 모두의 참여와 성원 덕분이다. 또한 1년 365일 비가 오나 눈이 오나 시민의 안전과 행복, 도시의 발전을 위해 불철주야 애쓴 공직자들의 노력 덕분이다.

지금까지 더 크고 강한 도시, 더 행복한 삶을 꾸릴 수 있는 놀라운 구리시를 건설하기 위해 나는 많은 것들을 준비해 왔다. 민선 5기 동안 나는 20만 시민, 700여 공직자들과 함께 씨를 뿌리고 가꾼, 그리고 탄탄하게 다진 도시 기반과 미래의 성장 동력들을 좀 더 다듬어서 반드시 꽃을 피우고 열매를 맺도록 할 생각이다.

구리시민들은 기어이 해낼 것이라고 믿는다. 작지만 멋진 도시, 부유하고 정이 넘치는 도시, 부자와 가난한 사람이 차이 없이 모두 행복하게 잘 사는 도시를 만들 수 있을 것이라고 확신한다.

내일의 성공은 꿈꾸는 사람의 몫이고 도전하는 사람만이 그 꿈을 실현할 수 있다. 나는 오늘도 꿈은 반드시 이루어진다는 확고한 신념으로 용기 있게 도전하고, 힘차게 전진할 것이다.

박영순 구리시장

1948년 1월 26일 출생
전라남도 해남

학력

공주사대 영어과 졸업

연세대 행정대학원(도시행정학 석사) 졸업

경력

1970	부안 하서중학교 영어 교사
1975	제9회 외무고등고시 합격
1976	스페인 한국대사관 파견
1977	외무부 국제경제국, 조약국 근무
1979	내무부 지방행정국, 지방개발국 근무
1986	청와대 정무비서실 근무
1994	7대 구리시장(관선)
	유엔본부 '세계 시장회의'에 한국 시장 대표로 참석, 기조연설
1998	민선 2기 구리시장
2000	한양대 지방자치대학원 겸임교수 역임

경기도 동부권 시장군수협의회 회장 역임

사단법인 고구려역사문화보전회 고문

현, 경기도 구리시장

상훈

1982	새마을 훈장
1990	녹조근정훈장 수훈

저서

『가슴으로 부르는 구리사랑 노래』

『고구려는 없다』

『새벽을 깨운 기적의 드라마』

전라남도 강진군 _ 황주홍 강진군수

대한민국 정직 수도 강진
대한민국 친절 수도 강진

이제 각 지자체간의 경쟁은 누가 더 정직한가, 누가 더 친절한가,
누가 더 화합적인가의 경쟁으로 전개되고 있다.
더 부정직하고, 더 불친절하고, 더 갈등적인 지자체는
침체되고 부진해지고 대열에서 탈락할 수밖에 없다.
익숙하고 편한 오래된 길로만 다닐 순 없다.
더 위험하고 더 불편하고 더 고통스럽더라도
옳고 바르고 필요한 길이라면 '아무도 가지 않은 길'을 찾아나서야 한다.
누군가는 새 길을 내야 하고, 전인미답의 그 길로 걸어가야 한다.

스포츠의 메카로 자리 잡은 강진

전쟁둥이의 아련한 기억들

나는 1952년 6.25 전쟁 중에 태어났다. 내가 태어날 당시 전라남도 강진 땅은 이미 휴전 내지는 종전에 돌입한 상태였다. 그래서 전쟁에 대한 기억은 없다. 강진에서 대구초등학교에 다니던 시절 내 기억에 남아 있는 6.25 전쟁의 상흔傷痕은 동네를 빈번히 누비고 다니던 상이 군인들의 모습으로 고스란히 투영되어 있다.

당시는 전쟁 직후여서 상이군인들이 엄청 많았다. 이들은 대부분 까만색 색안경을 끼고, 한쪽 팔에는 쇠꼬챙이처럼 생긴 의수義手를 하고 있었다. 지금은 전혀 다른 느낌으로 떠올리지만 어릴 때 내가 만났던 상이군인들은 두려움의 대상일 뿐이었다. 그러나 이들은 사실상 한국 전쟁에서 최고의 헌신자인 동시에 최대의 피해자들이기도 했다.

1960년 4·19학생혁명 때, 나는 초등학교 2학년이었고 누이는 광주여고에 재학 중이었다. 어느 날 4·19 희생자 명단에 누이 이름이 있다는 소식이 고향집으로 전해지면서 온 집안이 발칵 뒤집히는 사건이 발생했다.

지금 같으면 휴대폰으로 확인만 하면 될 일이었지만 당시는 통신수단이 마땅치 않을 때였다. 다급하게 사람을 보내 알아본 결과 사망자는 누이가 아니라 누이와 이름이 똑같은 동명이인同名異人의 여학생으로 확인됐다. 그런데 이것이 마치 죽은 줄 알았던 누이가 다시 살아난 것처럼 기뻤다. 아니 누이가 살아있다는 것보다도 누이의 생존 소식에 기뻐하던 어머님 모습이 더욱 더 나를 안도하게 만들고 기쁘게 했는지도 모른다.

4·19와 5·16 등 사회적 슬픔과 국가적 비극을 잉태한 역사적 사건들도 어린 시절의 내게는 개인적 아픔으로 느껴지진 않았다. 나는 그런 어마어마한 정치적 격랑의 틈바구니 속에서도 콩나물시루의 콩나물처럼 무덤덤하게 조금씩 성장을 거듭해가고 있었다.

학창시절의 빛과 그림자

어느 자식이든 부모님의 지난날을 회상해 보라고 하면 기쁘고 즐거운 기억만 있지는 않을 것이다. 부모님들은 늘 고생만 하시고 희생만 하신 분으로 자식들의 뇌리 속에 남아 있다.

내게도 어머님은 '희생의 대명사'로 깊게 각인되어 있다. 어렸을 때 두 분의 관계는 화목하지 못해서 한 달에 한두 차례만 마주했던 것으로 기억한다. 가정경제도 어머니 혼자서 어렵게 꾸려가고 있었다. 학교에 내야 할 월사금도 제때 가져가지 못하는 경우가 많았다. 그러면 학교에 가지 않고 다른 곳으로 새곤 했는데 그때마다 당시 배용진 담임선생님과 어머니에게 꾸중과 함께 매를 맞기 일쑤였다.

이렇듯 학창시절의 내 모습은 대체로 어두운 그림자가 잔뜩 드리워져 있다. 그러나 내 자신이 무척 기특하게 느껴졌던 적도 있었다. 초등학교 2학년 때 나는 3학년 때 배워야 할 구구단을 혼자서 깨우쳤다. 운동장 구석 플라타너스 나무 아래의 작은 나무의자에 앉아서 구구단을 스스로 만들어가면서 익혔는데 당시에 어떻게 그런 생각을 했고, 어떻게 그렇게 해낼 수 있었는지 지금 생각해도 신기하기만 하다.

두 번째는 광주일고 1학년 때 매월 치르는 일제고사 수학시험에서 두 달 연속 100점 만점을 받은 일이다. 당시 박평환 수학선생님은 수업시간에 나를 불러 세워놓고는 '수십 년째 교사생활을 하지만 이렇게 수학 점수가 좋은 학생은 황주홍이 처음이다.'라면서 극구 칭찬을 해주셨다. 갑작스러운 부름과 칭찬을 듣자 부끄러움으로, 그러면서도 한편으로는 스스로 감동했던지 내 가슴이 한 동안 두근거렸다. 존경하는 선생님으로부터 듣는 칭찬과 인정은 벅찬 성취감, 그 이상의 기쁨으로 다가왔다.

그러나 고교시절은 대체로 1학년 때는 좌절의 시기였고, 2학년 때는 체념의 시기였으며, 3학년 때는 자포자기의 시기였다. 그만큼 고등학교 3년 동안 나는 철저히 낙심하고, 낙담하고, 낙오하고, 실패하고, 좌절하고, 떨어졌다. 대학입시에도 떨어져서 재수를 했는데 재수해서도 대학에 또 떨어졌다. 그 바람에 나는 친구들보다 2년이나 늦게 대학에 입학했다.

죽고 싶을 정도로 모든 게 풀리지 않는 쓰라린 경험을 하면서 세상엔 앞면만 있는 게 아니라 뒷면도 있다는 것을 알게 되었고, 인생에는 절정의 시기도 있지만 조락凋落의 시기도 존재한다는 사실을 사무치게 느낄 수 있었다.

사고思考를 키워준 육군교도소 생활

내가 인생을 살면서 최초의 전환점을 맞은 것은 '전과자'가 되고서부터다. 연세대 정외과에 입학은 했지만 유신체제로 서슬이 퍼렇던 시절인 1976년, 나는 대통령 긴급조치 9호 위반 혐의로 육군교도소에 수감됐다. 복역하기 전의 나는 타는 목마름으로 사회 정의와 민주주의를 부르짖던 '열혈 청년'이었다. 그러나 속칭 '국립대학교(?)'라 불리던 교도소에서 13개월간 복역하는 동안 광주일고에서도, 연세대학교에서도 겪지 못한 값진 체험을 하면서 행동하는 사회과학도로 변화되기 시작했다.

육군교도소에 수감되자 나는 철저하게 바깥 세상과 차단되었다. 신문, 방송은 말할 것도 없고, 일반 서적도 접할 수 없었다. 오로지 볼 수 있는 것은 종교 관련 서적뿐이었다.

'정치범'이었던 까닭에 면회도 한 달에 한 번밖에 허용되지 않았다. 한 달에 한 번 어머님과 갖는 5분 정도의 면회가 바깥 세상 사람들과 접촉하는 유일한 통로였다. 그렇게 육체적으로 철저히 분리되고 격리

되었지만 한편으로 나의 설움과 사색은 끝도 없이 이어졌다.

교도소에서 내가 할 수 있는 것은 아침에 기상해서 새벽에 잠이 들 때까지 사색하는 일밖에 없었다. 사색을 좋아하기보다 혼자 지내도록 강요되고 있었기에 하루 종일 생각에 생각을 거듭할 수밖에 없었다.

솔직히, 처음 수감되었을 때는 민족이니 역사니 하는 것들은 안중에도 없었다. 오직 두려움과 불안뿐이었다. '나는 어찌 되는 것인가? 도대체 여기서 몇 년이나 지내다 나가야 하나? 나의 젊음은 이것으로 끝나는 것인가?'라는 탄식과 불안, 처연함과 절망의 시간이었다. 나를 이 지경으로 몰아넣은 독재자와 독재 정권에 대한 분노와 적개심도 일었지만 그 시간은 그리 길지 않았다. 그저 두렵고 불안할 뿐이었다.

특히 어머니가 면회를 왔다 돌아가신 날엔 많이 울었다. 그때는 정말 모든 것이 슬펐고 서러웠다. 어머님께 불효하고 있다는 생각에 뼈가 사무치도록 후회도 했다. 그러나 군사재판에서 징역 1년 자격정지 1년을 선고받자 마음이 정돈됐다.

돌이켜 보면, 나는 교도소에서 종교서적들을 많이 읽었다. 특히 해방 신학, 민중 신학, 희망 신학, 정치 신학, 혁명 신학 등 사회 참여 경향의 신학 서적들을 읽으면서 사회과학적 인식의 폭을 확장시킬 수 있었다.

서울의 봄과 미국 유학 생활

10.26이 났다. 박정희 대통령이 숨졌다. 나는 대학원에 진학했다. 1980년 '서울의 봄'이 오자 서울의 봄을 지키기 위해 열심히 싸웠다. 연

세대 대학원 정치학과 석사과정 1년차였지만 전국대학원생협의회의 대변인으로 밤낮없이 고군분투했다. 서울의 소중한 봄을 지키지 못하면 내 삶은 무의미하고 무가치하다고 믿었기에 나는 바삐 움직였다. 그때 나온 시국선언문은 거의 다 내 손을 거친 것들이었다.

그러나 10.26사태 이후 오히려 형사들의 추적 대상이 되면서 한 달 가까이 집에도 들어가지 못한 채 피신을 다녀야 했다. 우울했다. 광주 시민들의 5.18의거에도 불구하고 한국의 민주화는 다시 짓밟히고 있었다. 서울의 봄이 참담하게 붕괴되는 모습을 지켜보면서 패배감과 절망감에 무기력하게 방황을 거듭하다가 1982년 8월 미국 유학길에 올랐다.

1987년 6월 항쟁이 터지고 국내에서 100만인 서명운동을 전개할 때 미국 미주리대학을 중심으로 한 한인커뮤니티에서 조국 민주화 서명 운동을 주도했다. 나는 추진위원장으로서 열심히 일했다. 미국 TV에도 출연해 한국 민주주의의 필요성과 미국 시민들의 지지를 호소했다.

대학 강단에 서게 되자 학기말 마지막 수업시간에 미국 학생들에게 한국 민주화의 필요성과 필연성을 역설하고, 그들의 도덕적 지지와 관심도 촉구했다. 강의조교TA를 할 때나, 미국정치론, 현대정치이데올로기 등 과목을 개설해서 강의할 때에도 항상 그랬다.

1989년 미국 유학을 마치고 귀국하자 모교인 연세대 정외과를 비롯한 서울의 몇몇 대학에서 서양정치사상과 민주주의론 과목 등을 가르쳤다. 그러던 중 4년 뒤인 1993년 가을 김대중 선생이 아시아태평양재단을 창설할 것이라는 신문 보도를 접했다.

김대중 선생은 집안 매형의 친 외삼촌뻘이기도 해서 자연스럽게 아태재단에 몸을 담았다. 1994년 1월, 여의도 63빌딩 국제회의장에서 아태재단 창립총회가 열렸다. 행사의 최고 VIP는 코라손 아키노 필리핀 대통령이었다. 나는 아키노 대통령의 동시 통역자로 나란히 함께 단상에 올랐다.

아키노 대통령이 한두 문장을 영어로 연설하면 바로 뒤이어 이 말을 우리말로 옮겨 전달했다. 이 모습을 보면서 친척들은 내가 김대중 이사장과 아키노 대통령처럼 큰 존재인 것처럼 자랑스러워하셨다. 그때의 친척들 중 몇 분은 이미 이 세상에 계시지 않는다. 세월은 정말 흐르는 물과도 같다.

총선에서 떨어지고 강진 군수에 당선되다

2003년 10월 새천년민주당 강진·완도 지역구 국회의원 공천을 받고 지구당 위원장을 겸하게 되었다. 박상천 대표의 큰 도움이 있었다. 기다리고 기다리던 국회의원 선거를 오랜 기간 준비했기에 주변 지지자들은 '전국 최고 득표율'도 가능하다고 애드벌룬을 띄웠다.

문제는 정국 상황이었다. 민주당과 노무현 대통령의 열린우리당 사이에 벌어지는 분열과 대립은 극으로 치달았다. 나는 민주당 조순형 당대표를 비롯한 서울의 지도부들을 만나 탄핵은 '정치적 압박 카드'로만 활용해야지 절대 탄핵해서는 안 된다는 뜻을 전달했었다.

그러던 2004년 3월 어느 날, 국회에서 대통령탄핵안이 가결되었다는 소식을 듣고 하늘과 땅이 함께 무너져 내리는 불길함이 엄습해 왔다.

아니나 다를까. 민주당과 한나라당이 대통령탄핵안을 통과시키자 지역구 상황은 돌변했다. 선거 운동을 안 해도 당선에 문제가 없을 것이라던 지역 여론은 하루가 다르게 악화됐다.

"현직 대통령을 죽이려 하다니 민주당 당신들이 지금 제정신이냐?"

길에서 만난 할머니들은 격앙된 민심을 이렇게 표현했다. 결국 2004년 4월 총선에서 나는 45.8%의 득표를 하고도 낙선의 고배를 마셔야 했다. 오랜 기간 기다려서 준비한 국회 진출이 좌절된 것이다. 좋은 정치를 한번 해보고 싶었는데…, 생각하면 할수록 가슴이 미어졌다. 시간이 지나면서 내가 부족해서 졌다고 생각하니 조금씩 마음도 수습되었다. 정치의 첫 출발에서 패자의 아픔부터 배운 쓰라린 순간이었다.

실의에 빠져 권토중래를 모색할 무렵 몇몇 선배들이 군수 출마를 권유하더니, 급기야 많은 분들이 군수 선거에 출마하라고 권유했다. 2004년 10월 강진군수 보궐선거에 출마해 58.9%의 득표율로 당선됐다. 그 후 1년 6개월 뒤에 치러진 2006년 '5.31 지방 선거'에서도 강진 군민들은 76.1%라는 광주와 전남 지방에서는 최고 지지율로 나를 성원해주셨다.

지역 경쟁력의 원천, 정직·친절·화합

고향의 군수로 일하는 동안 나는 군정 구호를 세 번 바꿨다. 초선 시절의 구호는 '지금 강진은 변화하고 있습니다.'였고, 재선 후의 구호는 '인구감소 해결 – 그 꿈의 기록에 도전합니다.'였다. 민선 5기의 군정

구호는 '정직·친절·화합은 강진의 자본입니다.'로 정했다.

처음 강진군수로 취임했을 때 지역경제의 근본적인 침체 원인이 무엇일까에 대해 곰곰이 분석해 보았다. 그 결과 '강진의 불친절이 강진 낙후의 주범'이라는 결론이 내려졌다. 다시 말해 친절은 하면 좋고, 안 하면 나쁜 그런 도덕적 개념이 아닌 고도의 경제적 개념이라는 사실이다. 나는 군민들을 만날 때마다 친절하면 잘 살고, 불친절하면 못살게 될 수밖에 없다고 강조해 왔다. 선진국들의 공통된 특징은 친절하다는 것이다.

미국, 일본, 독일 등은 경제적으로 넉넉해서 선진국이 된 것이 아니다. 그보다는 도덕적이며 정직하고, 국민적 신뢰가 형성되었기 때문에 경제도 발전하고 선진국이 된 것이다. 우리나라도 강진군도, 지금보다 더 정직하고 더 친절해지고, 더 겸손해지면 경제 발전은 저절로 따라오게 되어 있다.

불친절한 식당은 손님이 안 오니 경제적 손해를 보고, 친절한 식당은 손님이 오니 경제적으로 이득을 보는 것처럼 정직도 실력이고 친절도 실력이다. 그러나 정직과 친절을 마음만 먹으면 금방 얻어낼 수 있다고 생각하는 것은 착각이다. 정직과 친절, 신뢰라는 덕목들은 평생을 노력해야 얻을 수 있는 것들이다.

한국인들처럼 남을 배려하지 않고, 상대에게 무례하게 굴고, 자기자랑이나 하고, 다른 인종을 무시하고, 불친절한 국민들도 흔치 않다.

나는 공직자들에게도 '공무원 최고의 기본기는 친절이다. 불친절한 유능보다 차라리 친절한 무능이 나으니 비굴해 보일 정도로 친절을 실천해 달라.'고 주문한다. 또한 '군수에게 불친절한 것은 용납될 수 있어도 힘없는 군민에게 불친절한 것은 용납할 수 없다.'고 말한다.

경영학자들은 사람들이 좋은 인상을 받으면 평균 다섯 명에게, 나쁜 인상을 받으면 평균 일곱 명에게 소문을 낸다고 한다. 그럼에도 불구하고 우리는 친절의 중요성을 아직도 실감하지 못하고 있다. OECD 국가들에게 한국은 한 번 오면 다시 가고 싶지 않은 국가로 인식된 것도 불친절 때문이다.

경영 차원에서 볼 때 단골은 매우 중요하다. 그런데 한국은 관광 분야에서 단골을 확보할 수 없는 구조를 갖고 있다. 나는 '손님은 왕이다.'가 아니라 '손님은 백여우다.', '손님은 모든 것을 알고 있다.'는 생각으로 공무원들이 주민들에게 친절이라는 행정 서비스를 제공해야 주민과 공직사회가 화합하게 되고 강진도 비로소 경제가 나아질 수 있다고 강조한다.

그리하여 공직사회와 주민사회가 서로 믿고, 지도층과 주민이 서로 신뢰하고, 주민과 주민이 아끼고 보듬는 희망의 세계로 거듭나고, 이 과정에서 강진군이 전국의 주목을 받아 선진 견학의 명소로 떠오르기를 바란다.

강진군수로서 소망이 있다면 군민들 모두가 외지인들로부터 '정직한 강진 사람들'이라는 평을 듣는 것이다. '강진군의 특산품이 뭐냐?'고 물으면 이구동성으로 '강진군의 특산품은 친절'이라고 답하게 될 날을 꿈꾼다. 아울러 강진군이 친절로 인해서 성공한 최초의 자치단체로 기억되길 희망한다.

공무원 팀제 정착을 위한 교육에서 황주홍 군수가 인사말을 하고 있다.

전국 최초의 공무원 팀제 도입

강진군은 자치단체 중 최초로 2007년 5월부터 군 실정에 맞는 고객과 성과 중심의 '드림팀제'를 시행하고 있다. 그것도 무늬만 팀제가 아닌 무늬와 내용이 완벽하게 일치된 강진형 맞춤 팀제를 시행하고 있다.

강진군은 본청을 기존 1실 12과 56담당(계)에서 1실 25개 팀으로 개편했다. 중간 결재라인인 6급 담당 직위를 완전히 없애고 실무 인력으로 전환하면서 결재 단계를 줄여 신속한 의사 결정, 실무자의 권한과 책임을 강화했다.

친환경농산팀, 축산팀, 수산팀, 유통팀 등 농어업 군의 특성을 살리고, 교육발전팀, 투자유치팀, 스포츠기획팀, 축제경영팀 등 침체된 지역 경제 회생을 위한 전략적 팀도 신설했다. 팀은 한 팀당 10명 내외의 소 팀제로 운영하여 작지만 효율성과 생산성을 갖춘 조직으로 바꿨다.

팀제는 수치화, 계량화된 각 팀별 성과지표를 개발하고 연말에는 성과 평가를 실시하여 우수 팀에게는 성과급 등의 인센티브를 지급하는 등 열심히 일하는 공직 풍토를 만들었다.

강진군의 팀제는 두 가지 목표와 특징을 갖고 있다. 하나는 공직사회의 '도덕적 해이'를 제거했고, 다른 하나는 '행정력 낭비'를 제거했다. 팀제로 바뀌면서 팀장과 팀원들은 상당한 권한과 책임을 부여받았기 때문에 스스로 알아서 일해야 한다. 반면 종전에 적당히 일하던 사람들은 더 열심히 일하지 않으면 안 된다.

둘째는 행정력의 '과밀지대'와 '사각지대'가 동시에 사라졌다는 점이다. 실제로 행정력의 사각지대였던 서울사무소는 중앙부처 업무와 농산물 판매, 관광 진흥과 스포츠 마케팅을 추진하면서 발군의 실력을 발휘하는 부서로 바뀌었다. 29명의 6급 행정직 후보들 중에서 12명으로 팀장을 압축 선발하는 과정도 군청 간부들에게 전적으로 일임했다.

팀제를 시행하면서 나는 몇 가지 중요한 쇄신을 했다. 먼저 군수의 결재 비율을 1%대로 낮췄는데 이는 아마 전국 최저의 비율일 것이다. 반면에 부군수와 기획정책실장의 위상과 결재 비율은 높였다. 통상 부단체장들의 실질적 권한과 비중이 상대적으로 취약한 한국 공직사회의 현황과 관행에 비추어 볼 때 이는 매우 참신한 시도로 평가받고 있다. 셋째, 보고전報告傳도 사실상 없앴는데 이는 행정 업무의 효율과 집중도를 높이는 효과를 거두었다.

팀제가 성공하려면 세 가지가 충족되어야 한다. 첫째는 새로운 목표가 설정되어야 한다. 또한 목표들은 정교하게 계량화되고 수치화되어야 하며, 결과 측정이 가능해야 한다. 둘째는 단독 플레이가 아닌 팀 플레이라는 팀워크가 전제되어야 한다. 이를 위해서는 팀원들의 동참과 자발적 참여, 팀 내에서의 정보지식 교환과 교류가 절대적으로 중요하다.

셋째는 새로운 리더십이다. 군수의 전결권이 1%, 부군수 10%, 기획정책실장이 5% 내외인데 반해 팀장의 전결권이 84%라는 것은 리더십의 중요한 변화를 의미한다. 따라서 리더인 팀장은 무엇보다 주변 환경의 추세를 읽고 흐름을 완벽하게 파악해야 한다.

팀제는 통상 글로벌 스탠더드global standard에 입각해서 추진된다. 팀제의 시행은 세계적 흐름이다. 우리나라도 민간 기업은 오래 전부터 팀제를 시행해 왔고, 공직사회만 이를 외면해 왔었다. 이제는 한국의 공직사회도 이를 받아들여야 할 때다.

팀제는 고객중심주의의 제도적 표현이다. 공무원 팀제는 주민들을 위한 제도다. 공무원들에게는 추가적인 노력과 결과에 따라 약간의 보람을 안겨주지만 주민들에게는 어마어마한 만족과 보상, 성과가 제공되는 것이 팀제다.

팀제는 시장·군수·구청장 등 단체장들의 인사권 남용 등이 효과적으로 제어되는 기능도 갖고 있다. 무엇보다 지역 발전 촉진에 가속도가 붙는 것이 팀제의 가장 큰 존재 의의다. 따라서 '경제 살리기'에 나서는 중앙정부는 강진군의 성공 사례를 검토할 가치가 있을 것이다.

전국 최고의 스포츠 메카 계기가 된
스포츠기획단 신설

강진은 한때 '동東순천 서西강진'이라고 지칭될 정도로 전남 지역에서는 번영의 땅이었다. 2004년 10월 강진군수에 취임하면서 군의 제반 상황을 점검한 결과 강진군은 재정자립도 면에서 당시 전국 234개의 지자체 중에서 230위라는 최하위 수준에 속해 있었다. 40년 전만 해도 인구 13만 명을 자랑하던 강진의 과거만 노래할 순 없는 상황이었다. 당장 먹고 살 길부터 찾아야 했다. 강진군은 다산 정약용 선생 유적지와 고려청자 생산지로 유명하지만 재정자립도는 8%에 머물고 있었다.

부가가치가 높고 투자하면 바로 수확을 낼 수 있는 자원을 점검해

보니 믿을 수 있는 것은 군민들의 후한 인심과 맛 좋은 음식, 따뜻한 날씨 세 가지뿐이었다.

이를 활용할 방법이 없을까를 공무원들과 함께 고민하다가 제일 먼저 생각한 것이 스포츠 마케팅 사업이었다. 2005년 6월 전국에서 군 단위 최초로 체육 행정 전담 조직인 '스포츠기획단'을 신설했다. 그러고는 부족한 예산을 쪼개 2005년 군비 62억 원을 들여 국제 규격 축구 전용 경기장 3면을 조성했다. 2006년에도 48억 원을 들여 축구 전용 경기장 3면을 추가로 만들었다. 당시에 축구장을 짓기 위해 110억 원을 쓴 것은 사실상 모험이나 마찬가지였다. 이후 공무원들은 발로 뛰며 각종 스포츠협회, 실업팀과 프로구단, 초중고 스포츠팀을 방문해 경기 유치를 위한 총력전을 펼쳤다.

다행히도 가시적 성과가 나타났다. 2005년 본격적으로 스포츠 마케팅에 나선 이후부터 강진을 찾는 선수단이 늘기 시작한 것이다. 그 결과 2010년에는 170개 팀에 7,000명의 전지훈련 선수들을 유치했고, 28건의 전국대회 유치를 통해 선수 등 7만 8,000명이 찾아 연간 500억 원의 경제적 파급효과를 거둠으로써 강진군은 전국 제일의 스포츠메카로 확고하게 자리매김했다.

스포츠 마케팅은 강진이 갖고 있는 장점을 모아서 만들어낸 '블루오션'이다. 요즘 강진읍 음식점들은 불과 3, 4년 전만 해도 한 푼도 내지 못하던 세금을 2, 3년 전부터는 신용카드 매상이 늘자 매년 200만 원정도씩 내고 있다. 강진을 찾는 선수, 임원, 학부모들이 많아지면서 숙박업소는 물론 목욕탕, PC방, 유흥업소와 주유소도 매출이 늘어나고 있다.

나는 강진이 전국 1위의 스포츠 마케팅 도시로 성공하려면 세 종류의 시설을 구비해야 한다고 생각한다. 1차 체육시설, 2차 협력시설, 3차는 '의식意識시설'이다.

이중 1차 시설은 잔디구장, 체육관 같은 기본 시설을 말한다. 이제 강진군은 어지간한 1차 시설은 다 갖췄다. 남은 것은 1차 시설을 질적으로 향상시키는 일이다. 단순히 축구장을 갖고 있는 것이 중요한 게 아니라 얼마나 더 고급스럽고, 편리하고, 첨단화된 축구장을 갖고 있느냐가 관건이다.

2차 시설은 음식업소나 숙박업소들을 의미한다. 맛있고 청결한 음식, 깨끗하고 세련된 숙박시설은 선수단을 끌어들이는 중요한 요소다. 3차 시설은 눈에 보이지 않는 중요한 시설이다. 바로 '주민과 공무원의 친절, 정성'과 같은 '시설'을 말한다. 1, 2차 시설이 다소 미흡해도 3차 시설이 월등하면 이것이 성공 여부를 갈라놓을 수 있기 때문에 가장 중요한 마케팅 포인트는 '친절이라는 기반시설'이다. 아무리 1, 2차 시설이 출중해도 3차 시설이 열악하면 선수단들은 두 번 다시 발걸음을 하지 않는다.

나는 강진군 스포츠 마케팅의 핵심은 '친절'이라는 기반시설에 바탕을 두어야 한다고 강조한다. 요즘 강진 스포츠 마케팅의 주역인 강진 공무원들의 적극성과 친절은 대한체육회 내에서도 자주 회자될 만큼 전국적 명성을 떨치고 있다.

덧붙여 3차 시설을 완벽하게 갖추려면 주민 참여가 수반되어야 한다. 첫째, 경기장에 주민들이 많이 찾아오는 등 군민들이 적극적으로 참여해야 더욱 활성화될 수 있다. 타 지역의 스포츠 애호가들이 강진을 찾도록 유도하는 작업도 절실하다.

둘째, 선수와 군민과의 관계가 더욱 끈끈해져야 한다. 그러기 위해서는 서로가 지속적인 유대 관계를 유지해야 한다. 선수, 임원, 학부모들을 위한 지역 관광 안내도 중요한 프로그램이 될 수 있다.

셋째, 이러한 관계가 강진군 밖으로까지 발전해야 한다. 선수단의 학교, 지역을 방문해 보고, 거기서 강진 농특산물 특판전 같은 행사도 기획할 수 있을 것이다.

이런 일들은 체육회와 공무원들이 적극 나서야 한다. 군청 스포츠기획팀은 이 과정에서 최고의 격무 부서이자 가장 대표적인 요직 부서로 부상했다.

스포츠 산업은 환경오염도 없고, 구경거리도 제공해주면서, 부가가치도 높다. 따라서 '황금알을 낳는 거위'를 강진에서 계속해서 키우려면 체육회와 공무원, 주민들이 더 궁리하고 더 노력해야 할 것이다.

관내 행사에 참여하지 않는 단체장

국회의원들이 국정에 전념하지 않고, 단체장들이 참석하지 않아도 될 작은 행사장까지 쫓아다니는 것을 볼 때마다 언제 국정, 시정, 군정을 제대로 할 수 있을까 하는 회의감이 들 때가 많았다. 이는 많은 사람들이 갖고 있는 불만이기도 하다.

나는 군수가 된 이후 경조사에 직접 가는 것을 최대한 억제하고 있다. 물론 사람노릇을 해야 하는 경조사에는 반드시 간다. 그러나 선거 관리 차원에서 경조사에 참여하는 것은 가급적 자제하고 있다. 내가 이런 결심을 한 배경에는 다른 단체장들이 지나치게 행사장에 얼굴을 내밀고 기웃거리는 행태에 대한 반성의 뜻도 담겨 있다.

단체장이 재선에 뜻을 두고 있다면 먼저 행사장과 각종 애경사에 참석하는 것이 합리적인 행보일 것이다. 강진 군내에서 황주홍 군수를 모르는 사람은 거의 없다. 그렇다면 강진군에서 열리는 각종 행사나 경조사에 군수는 어디를 가도 환영받을 것이고 행사를 주관하는 가정은 이를 고맙게 생각할 것이다.

그러나 여기에 많은 시간을 할애하면 그만큼 행정은 소홀해지고, 결과적으로 군정 발전은 2순위로 밀려난다. 따라서 단체장들은 행사장과 애경사 참석에 어느 정도 선을 그어야 한다.

물론 선거에 출마하는 사람으로서는 어리석은 선택이 될 수 있다. 그러나 시정, 군정에 좀 더 전력투구해서 확실하고 차별적인 성과를 낸다면 행사장이나 경조사에 가지 않음으로써 손해를 보는 표 이상을 만회할 수 있을 것이다.

지역민이 살려낸 강진군의 공교육

강진군은 과거 전국의 시군구 중 최하위 그룹일 정도로 재정자립도가 열악했다. 그러다 보니 가장 중요한 교육에 대한 투자도 제대로 이

2005년 4월 강진군민장학재단을 설립했다. 이때 제시했던
'교육 때문에 고향을 떠나는 일만은 막자.'는 표어는 주민과 출향민의 애향심을 자극시켰다.

루어지지 않았다. 교육 여건이 열악해지자 주민들은 하나둘 고향을 떠나갔고, 결과적으로 1960~70년대 13만 명을 넘던 강진군의 인구는 30년 전의 1/3 수준인 4만 명대로 급격히 줄어들었다.

고등학교는 신입생 미달 사태가 발생하고, 학교 통폐합 논의가 나왔다. 이래서는 안 되겠다는 생각에 2005년 4월 강진군민장학재단을 설립했다. 이때 제시했던 '교육 때문에 고향을 떠나는 일만은 막자.'는 표어는 주민과 출향민의 애향심을 자극시켰다.

자신은 못 배우고 가난해도 자식 손자는 제대로 교육시키겠다는 염원이 하나 둘 모아져 주민들의 기부로 이어졌다. 기업인, 공무원, 농민, 식당 주인, 좌판 상인에 심지어 노인들도 꼬깃꼬깃한 1,000원짜리 지폐를 내놓는 등 강진 주민의 절반 이상이 장학기금 모금에 동참했다.

10만 원 미만 소액 기부자가 전체의 58%를 차지했다. 그 결과 해마다 15~20억 원의 장학금이 모아지면서 기금 총액이 마침내 100억 원을 넘어섰다. 이를 토대로 위기에 몰린 학교 살리기에 나섰다. 매년 20억 원을 군내 학교에 지원했다. 우수 학생을 뽑아 장학금을 주고, 유명 강사를 초빙해 무료로 논술강좌도 열었다. 방과 후에 운영하는 교육프로그램을 강화하고, 겨울방학엔 고교 진학 예정자 30여 명을 미국과 필리핀으로 어학연수도 보냈다.

이런 노력 덕분에 2005학년도에 12명에 불과했던 수도권 대학 진학자 수는 올해 33명으로 세 배나 늘었다. 강진고는 4년 연속 서울대 합격생을 배출했고, 성요셉여고에서도 서울대 합격생이 나왔다. 4년제 대학에 진학하는 학생 수도 4년 전 155명에서 217명으로 늘었다. 수도권 대학 진학자 수가 4년 만에 3배 가까이 늘 정도로 성과가 나타나면서 정원을 못 채우던 학교가 대도시 학생들까지 지원하는 '돌아오는 학교'로 탈바꿈했다. 지역사회의 힘으로 공교육을 살려낸 것이다.

학교는 사회와 단절이 되어선 안 된다. 교육이 제대로 되려면 교사의 힘만으로는 역부족이다. 지역사회의 도움으로 다양한 교육 여건이 제공되어야 한다. 학교와 사회의 벽이 허물어지고, 지역사회의 참여가 확산될 때 공교육도 살아날 수 있다.

다산茶山의 고장은 '다산多産'도 최고

'인구 감소 해결, 그 꿈의 기록에 도전합니다.'

강진군은 민선 4기 동안의 군정 슬로건을 이렇게 걸고 임신에서부터 출산, 양육을 지원하는 종합적 출산장려정책을 펴는 등 출산 가정의 경제적 부담을 줄이고 출산율 회복에 주력해 왔다. 우선 신생아 양육비로 첫아이를 낳으면 연간 120만 원을, 둘째아이가 태어나면 연간 240만 원을, 셋째아이 이상은 30개월까지 720만 원을 지원하고 있다. 또 임산부의 초음파 검진비용 6만 원, 출산준비금 20만 원, 출산용품 세트도 10만 원 수준으로 지원하고, 셋째 이상 출생아의 건강보험료를 매월 3만 원씩 5년 간 지원하는 등 다양한 출산 정책 사업을 시행하고 있다.

강진군의 합계출산율은 2.21명으로 전국 평균인 1.19명의 2배에 달한다. 그러나 군내에서 아이를 낳을 수 있는 산부인과가 없어서 산모들은 광주, 목포 등으로 원정 출산을 가는 불편을 겪어야 했다.

강진의 출산율은 전국 평균의 두 배 수준이다.

지금은 출산장려책도 갈수록 다양해져서 현재는 다자녀가구 장학금, 출산 준비금, 신생아 건강보험 지원, 출산용품 지원 등 10여 가지나 운영되고 있다. 군 예산 3,000억 원 중 12억 원이 출산 장려 예산으로 사용되고 있다. 덕분에 최대 현안인 인구 증가도 조금씩 성과가 나타나고 있다.

2009년 드디어 강진군 인구가 11명 늘어 40여년 만에 인구감소가 인구증가로 돌아서는 성과를 거둔 것이다. 지난 2009년 11월 대통령이 참석한 가운데 열린 '저출산대응 전략회의'에서 나는 '2018년부터는 우리나라 총인구 자체가 줄어들게 되어 있는 만큼 저출산 또는 인구감소 문제는 경제 살리기의 핵심이라는 인식이 필요하다.'는 입장을 밝혔다.

실제로 저출산 현상을 바로 잡으려면 초강력 인센티브가 필요하다. 이를 위해서는 한국인들이 선호하고 집착하는 집과 대학, 직장을 과감하게 제공해야 한다. 예컨대 셋째아이를 출산한 가족이나 바로 그 셋째아이에게는 아파트와 대학 특례 입학, 공무원 특별 임용 등과 같은 특전 제공을 적극 검토해야 한다. 이는 지방정부가 아닌 중앙정부가 고민해야 할 몫이다.

9년 연속 전국 최우수 축제로 선정된 강진청자축제

강진의 고려청자는 임진왜란과 일제강점기를 거치며 일본에 수없이 약탈당한 뼈아픈 역사를 갖고 있다. 일본은 임진왜란 중에도 조선의 도공을 강제로 끌고 가서 청자를 빚게 했다.

강진군수로 부임한 후 나는 고려청자가 전통과 완성도에 비해 현대 시장에서 저평가되었다고 판단하고 도예 전문가들과 함께 고려청자의 상품성을 연구했다. 그리고 판매를 위한 '고려청자 세일즈'를 추진하기 위해 일본과 미국 등 세계 곳곳에서 전시회를 열며 현지 시장 상황을 조사하고 강진 고려청자 판매를 위한 네트워크 구축에 앞장 서 왔다.

강진청자의 매출액은 지역의 쌀이나 한우, 수산물 등에 비하면 적은 편이다. 그러나 강진청자를 하나의 문화산업으로 정착시키고 새로운 성장 동력으로 키워 수출을 다각화하면서 더욱 공격적인 마케팅을 펼친다면 매출액은 크게 증가할 수 있다.

강진 고려청자가 최고의 청자가 된 데에는 몇 가지 이유가 있다. 우선 청자의 재료로 활용되는 강진의 흙이 다른 지역의 흙과는 다르다. 실제로 2006년 국립문화재연구소의 한민수 연구원이 12세기에 생산된 비색의 강진청자 성분을 분석해 봤더니 다른 지역의 흙과 뚜렷한 차이를 보였다.

둘째, 강진군은 청자 운송을 위한 천혜의 조건을 갖췄다. 청자는 흔들림을 최소화하여 운반해야 하므로 선박 운송이 가장 적합하다. 강진 마량항은 전 세계, 어디로든 청자를 수출할 수 있는 항구다.

청자의 주 마케팅 대상은 전 세계 중산층들이다. 따라서 전통 방식의 고가 청자를 구입할 독지가들을 대상으로 하는 마케팅에는 한계가 있다. 이제는 '생활 청자'를 생산해 전 세계에 보급하는 전략을 구사해야 한다.

청자 경매전

강진청자축제의 기념등

그동안 전시회를 통해 일본 시장에서 강진청자의 경쟁력도 확보했다. 고려청자 판매를 위한 네트워크를 구축했고, 일본 시장에 홍보도 잘 되어 있어서 제반 조건을 다 갖춘 상태다.

또한 '강진청자축제'는 국내 최초로 9년 연속 대한민국 최우수 축제로 선정되면서 강진청자의 우수성을 전 국민에게 알리고 있다. 2010년 8월 7일부터 15일까지 9일간 '흙·불 그리고 인간'을 주제로 한 제38회 강진청자축제가 강진군 대구면 청자도요지 일원에서 성황리에 열렸다.

올해는 82만여 명의 관광객이 방문했으며, 청자 판매도 25%나 늘어난 35억여 원의 매출액을 올렸다. 이제는 강진하면 청자를 떠올릴 만큼 강진청자의 인지도와 평판이 급속도로 향상되고 있다.

축제에 참가하는 사람들도 가족 단위 방문객 외에 강진 향우회원들과 강진과 자매결연한 일본, 중국, 미국, 네덜란드, 필리핀 국가 등 다양한 곳에서 찾아오고 있다.

신기神技에 가까운 청자 기술 수준도 고려시대의 수준을 이미 넘어섰다는 평가를 받고 있다. 실제로 강진청자에 물을 담아놓으면 두 달이 가도 물이 상하지 않는 신비스런 현상이 나타난다. 그럼에도 대중화가 힘든 것은 청자가 너무 비싸기 때문이다. 그래서 강진군은 향후 1만 원 이하의 저가 상품을 개발하여 대중화하는 방안을 적극 모색하고 있다.

강진군은 2013년 개최 예정인 청자엑스포 준비에 사활을 걸고자 한다. 이를 위해 강진에서 유일하게 사람이 살고 있는 가우도 섬에 100억 원을 들여 총건평 3,060㎡(약 927평)에 지하 1층, 지상 10층 규모의 랜드마크인 청자타워를 건립하고 있는데 건물은 도자기 조각인 청자

도편으로 형상을 설계해서 강진의 상징적인 건축물을 만들려고 준비
중에 있다.

정당공천제 폐지되어야

지방 선거에서 정당공천제도는 폐지되어야 한다. 그 근거는 두 가지
다. 여론조사 때마다 나타나는 70~80%대에 이르는 '기초 선거 정당공
천제는 폐지되어야 한다.'는 시민 여론이 첫 번째 증거다. 다수의 결정
이 정의인 민주주의에서 절대 다수의 뜻은 존중되어야 한다.

두 번째, 정당공천의 수혜자들인 국회의원들도 스스로 없애야 한다
고 인정하고 있다. 한나라당 정해걸 의원은 '정당공천제도는 국회의원
들이 두고두고 자기들만 해먹으려고 만든 못된 제도이기 때문에 기필
코 폐지시켜야 한다.'고 양심선언을 했고, 민주당 이시종 전의원(현 충
북도지사)도 '국회의원이 정당공천제에 집착하는 것은 자치단체장과 기
초의원들을 수족처럼 부려먹고 싶은 미련과 임명제에의 향수 때문'이
라고 비판했다.

지난 17대 국회 때 299명 중 120명의 국회의원들이 기초 선거 정당
공천제 폐지안을 발의했다. '국회의원의, 국회의원에 의한, 국회의원
을 위한 제도'인 정당공천제에 대해 1/3정도의 국회의원들이 자발적,
자각적으로 폐지되어야 한다고 주장하는 이 상황이야말로 정당공천제
의 부당성을 보여주는 결정적 증거다.

그럼에도 2/3 정도의 국회의원들은 아직도 요지부동이다. 이들은 한

술 더 떠서 '정당공천제가 정당 정치의 핵심인데 이를 없애는 것은 민주주의의 근간을 부정하는 일'이라고 억지 주장을 한다. 그러나 '민주주의가 곧 정당 정치'라는 주장은 절반은 맞고 절반은 틀린 얘기다. 원래 민주주의는 정당이 없이 출발했다. 아테네의 민주주의도 정당, 정파를 초월할 때 가장 이상형에 가까운 모습을 보여주었다.

세 번째, 풀뿌리 민주주의에서 군정은 행정의 영역이지 정치의 영역이 아니다. 예를 들어 '강진 군정'이라고 할 때의 '군정郡政'은 '군 행정'이라는 뜻이지 '군 정치'라는 뜻은 아니다. 따라서 군정은 100% 비정치 영역이다. 또한 고양이에게 생선 가게를 맡기는 것보다 더 부적절한 것이 단체장의 권력 남용을 막기 위해 정당공천제가 필요하다는 주장이다.

일본은 2009년 4월, 22개 지역 시장 보궐선거에서 100% 무소속 후보들이 당선되었다. 이들은 기초단체장 선거는 물론 광역 단위 선거에서도 정당공천을 하지 않는다. 선거 표기에도 아예 정당 표시 란 자체가 없다. 일본의 유권자들도 정당 정치가 지역사회의 발전과 통합에 오히려 걸림돌이 된다는 인식을 갖고 있다.

2008년 9월 26일 부산에서 전국 시장, 군수, 구청장들이 모였을 때 전국 230명의 기초자치단체장들은 만장일치로 지방 선거에서의 정당공천제 폐지를 결의했다. 그리고 정당공천폐지특별위원장에 나를 선출했다. 그 후 나는 저명한 사회원로 지도자들과 국민운동본부를 만들어 상임공동대표를 맡으며 열과 성을 다 바쳐 정당공천제 폐지에 앞장서 왔다. 지난 6월 지방 선거에서 나는 정당공천을 거부하고 무소속으

"정치가 아니라 행정이 중심인 지자체장 선거에서 정당공천제는 폐지되어야 한다."

로 처음 출마를 하였고, 이 과정에서 정당공천제를 반드시 없애야 한다는 것을 다시 한 번 뼈저리게 절감했다.

당시 일부에서는 '편한 민주당 공천을 스스로 반납하면서 무엇 때문에 가시밭길을 자청해서 걸어가느냐?'면서 우려 반 걱정 반의 말씀도 해주셨다. 그러나 나는 이것이 가장 '황주홍다운 방식'이고, '황주홍 식 정치'라고 믿었기에 뜻을 굽히지 않았다.

풀뿌리 자치 행정은 중앙 정치와 정당에 예속되어도 안 되고, 정치와 정당에 포섭되어서도 안 되며, 정치와 정당으로부터 멀리 떨어져 자유 독립적일수록 창의적이고 자생적인 힘을 발휘할 수 있다.

나는 앞으로도 '정직과 헌신, 그리고 용기'의 사람답게 일시적 손해와 위험, 고통을 두려움 없이 받아들이며, 정당공천제도의 폐지에 의미 있는 투쟁을 한 사람으로 기록될 것을 확신하며, 굽힘없이 정당공천제도의 폐지를 위해 매진할 것이다.

민선 5기 군수로 취임하면서

Ⅰ

여러분들이 저에게 베풀어주신 하늘같은 은혜에 보답하는 길은 오늘부터 시작하는 4년 동안 더 열심히 더 깨끗하게 일하는 것입니다. 저는 변함없이 깨끗하고 정직하게, 몸을 던져서 밤낮없이 일하겠습니다. 권력과 권위주의를 탐하지 않을 것입니다. 결코 자만하거나 방심하지 않을 것입니다. 시냇물을 받아들이는 바닷물처럼 제 자신을 낮추고 또 낮춤으로써 여러분을 높이높이 섬길 것입니다. 저는 돈을 탐하지 않을 것입니다. 돈, 돈, 돈, 하지도 않을 것입니다. 지도적 위치에 있는 사람이 돈을 밝히면 세상이 어두워질 수밖에 없기 때문입니다. 저는 저 황해 바다와 같이 드넓은 민심의 바다 위를 겸허하고 성실하게 노를 저어 갈 것입니다. 다산 정약용 선생이 가르쳤던 대로, 모범적인, 가장 모범적인 목민관이 되고 싶습니다.

Ⅱ

저는 전국에서 가장 깨끗한 공직사회를 만들겠습니다. 지난 5년 반 동안 공무원 인사 과정에서 뒷돈이 오고가는 관행을 없앴습니다. 공무원 인사가 깨끗해져야 공무원들이 마음껏 소신껏 열심히 일하게 됩니다. 저는 각종 공사와 용역과 관련된 사업자 선정 과정과 여러 인허가 과정을 투명하고 공정하게 하겠습니다. 모든 과정이 깨끗해지게 하겠습니다. 이 시간 이후 부정부패와 비리는 강진군에서 발본색원될 것입니다.

행정 혁신의 최종 지향점은 친절입니다. 저는 불친절한 유능함보다는 친절한 무능함이 훨씬 윗길의 공무원 윤리 강령이라고 믿습니다. 대통령과 장관과 고관대작들이 국민들 위에 군림하여 오만하고 불친절하다면 그 대통령직과 장관직과 고관대작의 직은 모두 무효입니다. 강진 공무원들은 군민 여러분들께 무한 충성하고, 친절해야 합니다. 군수인 저한테 우리 공무원들이 불친절한 것은 용납할 수 있지만, 어느 힘없는 군민 한 분에게라도 불친절한 것은 용납될 수 없습니다.

Ⅲ

군민 여러분께 호소합니다. 저는 우리 강진군의 자랑스러운 별칭인
'남도 답사 1번지'라는 이름보다 더 자랑스럽고 더 멋지고 더 필요한
별칭을 꿈꾸어 오고 있습니다. 그것은 '대한민국 정직 수도 강진'입니
다. '대한민국 친절 수도 강진'이 그것입니다. 선진국 사람들보다 우리
한국인들이 덜 정직하고 덜 친절하고 덜 겸손하다는 것은 이미 잘 알
려져 있고, 또 그런 부정적인 면에서 한국이 정평이 나 있는 것도 사실
입니다.

저는 개인적으로 이것을 부끄럽게 생각하고 있습니다. 강진군만이
라도, 강진군민들만이라도 좀 더 정직하고 친절하고 겸손할 수 있다면
얼마나 좋은 일이겠습니까? 강진의 크기는 면적의 크기나 경제 소득
의 크기, 인구의 크기가 아닌 강진 사람들의 도덕의 크기, 마음의 크기
로 결정된다는 사실을 새롭게 했으면 좋겠습니다.

저는 앞으로 4년간 '대한민국 정직 수도 강진', '대한민국 친절 수도
강진'이라는 새로운 별칭이 우리 고향에 부여될 수 있도록 최선을 다
해보려 합니다. 우리 강진이 새 명성을 획득할 수 있도록 군정의 최우
선 순위에 놓으려 합니다. 이것은 우리 강진의 도덕적 우월성을 천하
에 빛내는 위업이 될 것입니다. 그리고 이것은 강진의 지역 경제를 반
석 위에 올려놓는 가장 확실한 성장 동력이 될 것입니다. 정직한 영농,
정직한 축산, 정직하고 친절한 영업, 정직한 행정보다 더 좋은 브랜드
가치와 브랜드 파워는 없을 것입니다.

Ⅳ

저는 앞으로 4년간 모든 방법을 총동원해서 농림축수산업 예산을 최대치로 끌어올리고, 그 예산 집중과 행정력 집중의 열효율을 폭발시켜 획기적인 소득 증대를 지속해갈 것입니다. 한국의 농업 현실이 결코 밝지 않지만, 우리 강진의 농업 현실만큼은 결코 어둡지 않게 할 것입니다. 농업이 강진을 구하는 주역이 될 것입니다. 강진의 교육을 전국 최고 수준으로 계속 끌어올리겠습니다.

성전산업단지와 칠량농공단지를 비롯한 투자 유치와 지역 개발 사업을 차질 없이 마무리하는 한편, 새로운 지평을 찾아 개척할 것입니다. 그러나 투자 유치보다 훨씬 중요한 게 사람의 유치라는 것, 그리고 그 사람이 핵심적 가치라는 것, 그래서 다시 생각해야 하고, 생각을 머리로만 하지 않고 가슴으로도 해야 한다는 사실을 함께 유의할 것입니다. 전국 최고 수준인 스포츠 마케팅과 관광 개발 사업에 박차를 가하여 더 많은 사람들이 찾아오는 환경을 심화해 갈 것입니다. 찾아온 방문객들이 빈손으로 돌아가지 않도록 하고, 백 사람이 한 번 찾아오는 강진이 아닌, 한 사람이 백 번 찾아오는 강진을 만드는 것이 더 중요한 과제라는 사실도 잊지 않을 것입니다.

전국 1위인 출산 정책과 귀농·귀촌 정책을 정교하게 가다듬으며 대한민국을 선도해갈 것입니다. 어르신 노인들과 여성, 전쟁 영웅들과 보훈 가족, 장애인 가족, 다문화 가족, 저소득층 어린이들을 위한 선진 복지행정에도 미래와 역사를 위한 충성이라는 관점으로 심혈을 기울일 것입니다. 강진의 심장인 강진읍을 최고 최상의 명품도시로 만들

것입니다. 이것은 정말 꼭 한 번 도전해보고 싶은 프로젝트입니다.

10년 계획을 수립하여 어느 선진 외국의 도시와 견주더라도 손색없는 아름답고 아늑한 도시가 될 수 있도록 소중한 강진읍을 재 디자인 해보고 싶습니다. 지금 우리 강진에 희망의 햇살이 깃들고 있습니다. 강진군의 성공 사례가 대한민국의 성공 교과서가 될 것입니다. 강진군이 대한민국의 새로운 대안으로 부각될 것입니다. 여의도 중앙정치와 중앙정부에 절망한 동시대인들이 강진에서 새로운 희망을 발견하게 될 것입니다.

V

저는 강진을 제 종교로 삼고, 군민 여러분을 제 신앙으로 받아들이겠습니다. '강진은 비록 틀렸을지라도 옳다.'는 마음으로 경배하고 숭배할 것입니다. 저는 퇴임 이후에도 강진을 떠나지 않을 사람입니다. 끝까지 강진을 지키며 여러분들과 함께 강진에서 살 것입니다. 저는 처음과 끝이 같은 사람, 아니 처음보다 끝이 더 좋은 군수로 평가받고 기억되기를 희망합니다. 황주홍이 강진군수였다는 사실에 대해서 여러분께서 자부심을 느끼실 수 있도록 하고 싶습니다.

저는 자정 전에 잠자리에 든 적이 없었다는 청나라의 강희제처럼, 밥상머리에서도 책을 놓지 않고 독서하고 연구하였던 세종대왕처럼, 공부하고 또 공부하고, 일하고 또 일하겠습니다. 이제 선거는 끝났습니다. 우리 모두 꿈에 도전해 보십시다. 가장 치명적인 위기는 꿈의 결핍입니다. 지역의 위기는 바로 꿈의 위기입니다. 낙후된 오늘의 현실을 거부하고 내일의 꿈에 도전합시다. 강물을 따라 흘러 내려가는 물고기들은 모두 죽은 물고기들입니다. 살아있는 물고기들은 강물을 거슬러 올라갑니다. 진리를 모르는 사람은 바보로 그치지만, 진리를 부정하는 사람은 범죄자라던 독일의 저항 극작가 브레히트의 말을 새겨봅니다.

오늘 이 시점에서 강진을 위한 진리는 강진 살리기입니다. 강진을 살리겠다는 우리들의 꿈은 위대하고, 그 꿈은 이루어질 것입니다. 어둠을 통해서 세상을 보라는 신의 섭리를 저는 지금 강진에서 느낍니다. 태산을 넘으면 평지가 나옵니다. 서러움이 사무치면 꽃이 됩니다. 새로 시작하기에 늦은 시간은 없습니다. 우리 모두 역사적인 강진 사랑의 길을 함께 가십시다.

강진군이 발전하려면

루소는 『에밀』에서 '나무는 재배를 통해 성장하고, 인간은 교육을 통해 성장한다.'고 했다. 세상을 바꾸는 건 사람이지만, 사람을 바꾸는 건 교육이다. 강진군의 가난은 강진 지역사회의 '철학의 빈곤'에 있다.

과거 전성기 때 강진군의 인구는 13만 명이나 됐다. 이런 강진의 상대적 낙후는 강진의 정신 상태의 상대적 낙후와 관계가 있다. 강진이 잘 살려면 강진의 정신 수준을 끌어올려야 한다. 강진 발전은 강진 사람들 스스로 이룩해내지 않으면 안 된다. 강진 경제 위기의 큰 원인은 '정신'의 문제이다. 따라서 강진 경제 위기의 극복도 강진 사람들의 정신 상태 개선 방향에서 시도되어야 한다.

강진군의 경제 목표는 첫째, 따뜻한 인심과 친절로 5만 군민이 '중무장'하는 것, 둘째, 공직자와 군민이 완벽하게 하나가 되어 '가난과의 싸움'을 통해 가난을 섬멸하는 것, 셋째, 우리들의 고향을 경제적으로 '완치'하여 인구 감소 문제가 해결되는 '꿈의 기록'에 도달하는 것이다.

그러기 위해서는 강진의 지도층부터 겸손하고 희생정신을 보여주어야 한다. 자칫하면 진부해 보이고 구시대적 가치관으로 치부될 수 있는 지도층의 살신성인과 솔선수범 덕목은 강진 땅에서 의미를 새롭게 부여받고 보기 좋게 구현되어야 한다.

군수가 공무원들로부터 돈을 챙기면 공무원들은 열심히 일하지 않는다. 믿는 구석이 있는데 뭣 때문에 열심히 일하려 하겠는가. 강진 지역경제의 주체는 강진 군민들인데 이들의 가장 두드러진 특징은 불친절하다는 것이다. 친절은 낯설고 낯간지러울지 모른다. 그러나 불친절은 '손님 끌기'가 아닌 '손님 쫓기'이다.

현재 '강진의 경제'는 강진의 정신이 빚어낸 '산물'이다. 외지인들이 '강진군의 특산품이 뭐냐?'고 물으면 나는 '따뜻한 인심'이라고 대답한다. 지역 주민들의 따뜻한 인심이야말로 강진에서 생산해 낼 수 있는 최고의 부가가치 상품이다.

아이들은 부모의 말을 따르지 않고 행실을 따른다. 군수는 군민과 공직자들의 교육 교과서다. 강진군의 최대 성장 동력은 군수다. 따라서 군수가 바로 서면 강진 문제의 절반이 해결된다. 인사 청탁과 금품 수수 관행이 완벽하게 청산돼야 도덕적 정통성이 확립되고, 그래야

'영슈'이 선다. 군수가 가장 고생해야 군에 희망이 있다.

닛산자동차 사장 취임 1년 만에 흑자 수익 구조를 실현한 카를로스 곤의 닉네임은 '세븐(7) 일레븐 (11)', 즉 아침 7시 출근, 밤 11시 퇴근이었다. 한국의 최고 경영자들 중에도 평생 휴가 한 번 못 가보고, 주말을 가족과 함께 한 번도 쉬어본 적이 없다는 이들이 수두룩하다. 거기에 '경제 한국'의 비결이 있다. 군수 자신은 적당히 하면서 직원들 보고 열심히 하라고 할 수는 없다. 이순신 장군이 자신은 빈둥빈둥 놀면서 휘하 장수들만 일하라고 다그쳤다는 기록을 일찍이 접해본 바 없다.

군수라는 지도자의 개성과 노력에 의해서 인도되는 강진 공무원들의 친절과 열의에 찬 헌신도 제도화될 수 있어야 한다. 강진의 행정력도 가난을 극복하는 방향으로 집중함으로써 행정의 사각지대와 과밀지대를 제도적으로 동시에 해소해내야 한다. 그래야 지금과 같은 건설적 열의는 강진 공직자들의 직업윤리와 가치관으로 내면화되면서, 지도자의 존재 여부와 무관하게 지속성과 효율성을 유지하게 될 것이다.

아울러 강진군 발전을 위한 '대표 선수'들은 강진 공무원들이다. 공무원들은 군민들의 세금으로 군민들을 위해 일하는 사람들이다. 그래서 공무원들은 무조건 비굴해 보일 정도로 군민에게 친절해야 한다.

강진의 공무원들은 비교적 단기간에 무척 많이 바뀌었다. 외지에서 강진을 찾는 관광객이나 스포츠 관계자들도 강진 공무원들처럼 친절한 공무원을 본 적이 없다고 말한다. 전국에서 가장 친절한 공무원 집단으로 탈바꿈한 것이다.

다른 지역 공무원들을 보다가 강진 공무원들을 보면 어찌나 성실하고 친절한지 깜짝 놀라게 된다고 한다. 대한축구협회의 주요 원로 임원들은 '지난 30~40년간 전국 지자체 공무원들을 다 경험해 보았지만, 공무원들이 직접 들 것을 들고 경기장 안으로 들어가서 부상 선수를 실어 나르는 것은 처음 보았다.'고 극찬하였다.

군수가 먼저 바로 생각하고 바로 행동하려 했던 충정어린 노력이 가시화되고 있는 것이다. 이제 군민들은 공무원들에게 점차 신뢰의 눈빛을 보내고 있고, 고향이 좋아지고 있다는 긍정적 평가를 내리고 있다. 군민들의 이 같은 의식 변화는 소중한 것이다.

강진 체육계의 변화도 주목할 만하다. 지난날 강진체육회는 회의를 소집하면 자주 다투고 자주 싸웠는데, 지금은 화합과 단결의 대명사로 바뀌었다. 각종 스포츠대회 유치와 개최 과정에서 이들은 지역경제 활성화의 첨병으로 활약하고 있다.

강진군이 확충해야 할 최고의 기반 시설은 친절이다. 친절은 도덕적 개념이 아닌 고도의 경제적 개념이다. 따라서 평생학습의 목표는 지금보다 강진이 잘 살기 위해선 친절, 정직, 단결의 방향으로 강진의 정신 상태가 개선되어야 한다.

이를 위한 발전 전략은 평생학습을 하는 것이다. 강진에는 격주로 개최되는 강진다산강좌가 있고, 농업아카데미와 녹색문화대학이 운영되고 있다. 국제결혼 이주 여성을 위한 '희망 쌓기' 프로그램과 아홉 개의 지역혁신동아리방이 있고, 그밖에 농촌여성생활과학대학, 문화원 문화학교, 서예학교, 다도茶道학교, 여성기술교육학교, 동화 읽는 어머니 모임 등 수많은 교육기관들이 활발히 움직이고 있다.

직업 교육과 친절 교육, 교양 교육이 때로는 병렬적으로, 때로는 종합적으로 진행되는 가운데 직업 교육은 생존 전략으로, 친절 교육은 발전 전략으로, 교양 교육은 자기실현 전략으로 이루어지고 있다.

이와 같은 교육적 노력을 계속할 수 있다면, 신념과 열의가 녹슬지 않는다면, 그리고 신념과 열의를 교육제도를 통해 지속적으로 정비할 수 있다면, 강진의 미래는 지금보다 훨씬 나아질 수 있을 것이다.

군정일기를 쓰게 된 사연

내가 군정일기를 쓰게 된 것은 뚜렷한 취지나 특별히 거창한 목적이 있어서가 아니었다. 일을 하다 보면 마음속에 남는 것이 있고, 그럴 때마다 이를 기록으로 남기면 좋겠다는 생각이 들었다.

같은 대화를 해도 생각보다 생산적일 때가 있고, 기대 이하일 때가 있다. 이중 생산적인 대화는 함께 공유할 수 있도록 기록으로 남겨야겠다는 생각에 군청 홈페이지에 글을 올리기 시작했다. 다행히도 주민들과 직원들의 반응은 괜찮았다.

세계에서 기록을 가장 잘 남기는 나라는 네덜란드라고 한다. 종교적으로는 예수회 선교사들이 기록을 많이 남겼다는 내용을 책에서 접한 적이 있다. 반면 우리나라는 기록을 잘 남기지 않아 과거 우리의 귀중한 문화유산이나 발명품이 계승되지 못한 경우가 많았다.

대표적인 것이 거북선으로, 지금도 그 제조 과정은 역사의 미스터리로 남아있다. 만일에 거북선 제조 과정을 기록으로 남겼더라면 얼마나 좋았을까. 군정 추진 과정 역시 기록해 두면 훗날 책으로 남길 수 있을 것이다.

한국일보 경제부 유병렬 기자가 쓴 『딜리셔스 샌드위치delicious sandwich』라는 책을 읽은 적이 있다. 저자는 이 책에서 '문화 마인드는 글쓰기를 통해서 나오기 때문에 특히 CEO일수록 글쓰기를 잘하고 자주 써야 한다.'고 주장한다. 그의 표현대로 문화의 제국 시대에 글쓰기는 필수라는 생각이 든다.

그러나 일에 쫓기다 보면 글쓰기는 생각처럼 쉽게 되지 않는다. 마구잡이 형태가 아닌 기록으로 남기는 글이 되려면 퇴고推敲를 거듭해야 한다. 글을 계속해서 수정하는 일은 쉬운 작업이 아니다.

이순신 장군은 임진왜란이라는 전쟁을 치르는 과정에서도 상세하고 솔직하게 난중일기를 썼다. 군정일기를 쓰다 보면 그 시간 동안 자신을 돌아보는 반성의 시간이 되므로 개인은 물론 군정에도 도움이 된다.

군정일기는 군민과 직원과의 소통의 수단도 되고 있다. 군수 업무를 수행하다 보면 직원과 주민과의 소통 기회가 그리 많지 않다. 업무는 많고 직접 얼굴을 맞대고 만날 수 있는 사람은 한계가 있다. 그래서 택한 소통방식이 인터넷을 통한 군정일기였다.

군정일기를 솔직하게 쓰다보면 나도 군정이 정리가 되고, 군민들도 군정을 쉽게 이해하기 때문에 소모적인 갈등으로 인한 낭비를 줄일 수 있다. 인터넷으로 띄우니 군 밖에서도 반응이 나타난다. 군정일기는 행정 개혁의 대안을 모색할 수 있다는 점에서도 의미가 있다.

그래서 휴일에는 한 시간 정도 시간을 내어 군정일기를 쓴다. 이를 쓰다 보면 군정 수행에 부담을 느낄 때도 있다. 관련된 사람과 사업을 구체적으로 거론해야 하는데 당사자들이 싫어하기 때문이다.

그러나 보다 많은 군민들과 직원들이 읽고 군정의 이해를 높일 수 있는 장점이 있기에 계속 쓰려고 한다. 나의 군정일기는 우리 시대 목민관들의 행정 개혁에 대한 고민과 실천, 그리고 사회적 효과에 대한 잣대가 될 수 있을 것이다.

우연한 성공은 없다

운運이라는 것이 정말 있을까? 한때 '운칠기삼運七技三'이라는 말이 회자되곤 했다. 성공에는 30%의 의지나 실력과 70%의 운이 필요하다는 말이었다. 『군주론』으로 유명한 마키아벨리는 인간사의 성공과 발전은 운Fortune과 우리의 의지Virtue가 함께 좋은 영향을 미쳐야 비로소 가능하다고 했다.

나는 운이라는 게 전혀 없다고 생각하지도, 운이 전부라고 생각하지도 않는다. 열심히 한다고 다 성공하는 것은 아니지만, 적당히 해서 성공하는 일도 결코 없다고 믿는다. 이는 운이니 뭐니 하는 것보다 자기 노력과 의지가 압도적으로 중요하다는 말이다.

운이라는 것도 충분히 준비된 사람이 아니면 그 기회를 움켜쥐지 못하고 그냥 흘려보내게 된다. 한국이 월드컵 4강까지 올라간 것은 행운보다 합당한 실력이 있었기 때문이다. 서울대에 합격한 학생에게는 '정말 실력이 대단하구나.'라고 해야 덕담이지 '운이 좋았구나.'라고 말하면 악담이 된다.

잘 되는 음식점도 성공의 비결은 운보다 실력에 있다. 마찬가지로 잘 안 되는 식당은 운이 없어서라기보다 맛, 친절, 청결함 같은 기본 실력이 부족하기 때문이다.

강진군에는 잘 되는 음식점들이 많다. 강진읍의 몇몇 한정식집이나 정육점들은 동종의 타 업소보다 월등한 매출 실적을 올리고 있다. 마량의 횟집들도 주말이면 손님들로 크게 붐비는 곳이 상당수 있다. 주말 예약 없이는 자리를 잡을 수 없는 곳들도 있다.

행운이 찾아왔을 때 행운의 주인공이 되려면 사전에 준비된 실력을 갖추고 있어야 한다. 현대 정주영 회장의 성공을 보면서도 '운이 좋아서'라고 말하는 사람이 있다. 그러나 이들은 그분의 노력을 대부분 간과하고 있다. 세상에 우연은 없다. 필연적 우연은 몰라도 우연으로 시작해서 우연으로 끝나는 우연은 없다. 지금 가난하다면 가난할 수밖에 없는 이유가 있고, 실패할 수밖에 없는 곡절이 있는 법이다.

매사는 자기 탓이다. 식당이 잘되고 있다면 그건 주인의 노력 덕분이다. 열심히 하니까 잘 되는 것이다. 잘하면 손님들은 거짓말처럼 몰려든다. 잘 안 되는 식당이 있다면 그것도 주인 탓이다. 맛이 없고, 불친절하고, 불결하기 때문에 손님이 없거나 줄어드는 것이다.

어느 학교가 정원이 미달이라면 그건 우연이 아닌 필연이다. 어느 농가가 1억 이상의 순소득을 올리고 있다면 운이 아니라 그만한 노력과 희생과 땀을 흘렸기 때문이다. 열심히 공부하면 학업 성적은 정직하게 올라가게 되어 있다. 그것이 세상의 이치다.

나의 성공과 행복을 가로막는 걸림돌은 바로 자기 자신이다. 그러므로 나의 가장 큰 적은 나 자신이다. 내 자신의 게으름과 불친절함과 식은 열정이 나를 실패로 이끄는 것이다.

오늘 강진의 적敵은 바로 강진사람들이다. 강진이 성공하고 부유해지는 걸 가로막고 있는 세력도 바로 강진사람들이다. 강진의 가난은 결코 우연이 아니다. 우리들 내부에 가난할 수밖에 없는 필연적인 원인과 요소들을 두루 갖추고 있기 때문에 가난한 것이다.

강진도 지난날에 비해서 많이 좋아진 것은 사실이다. 그러나 수도권 등 다른 지역과 비교해 보면 강진은 결코 만족할 수준이 아니다. 기준과 관점에 따라 다르게 볼 수 있지만 강진은 아직도 많이 분발해야 하는 지역이다. 히딩크 감독의 말("We are still hungry!")처럼 우린 아직도 배고픔을 느끼고 있다.

세상에서 승리하려면 가장 큰 적인 자기 자신을 이겨야 하는 것처럼, 강진이 지금보다 더 풍요로워지고 부자가 되기 위해선 우리들 내부에 있는 가난의 필수 조건들을 극복하고 청산해야 한다.

그러기 위해서는 군수가 깨끗하고 투명하게 해야 하고, 강진 발전의 주도 세력인 800여 공직자들도 고장 발전을 위해 매진해야 한다. 주민들도 기업가 정신으로 무장하고 낙후된 현실의 극복과 타개에 스스로 나서야 강진에 희망이 열릴 수 있다. 이 세상에 우연한 성공은 없다.

강진의 스포츠 마케팅은 이제 서서히 그 결실을 맺고 있다.

6시 이후의 문화가 바뀌어야 한다

한국인은 책을 안 읽는 편이다. 성인 1인당 한국인의 독서량은 192 개국 중 166위라는 UN통계가 이를 입증한다. 미국이나 일본인들이 연 평균 일곱 권의 책을 읽을 때 한국인들은 한 권 정도 읽는다. 대신 한 국인들은 부족분을 인맥과 로비로 충당하고 있다.

책 읽기가 왜 힘들까? 나는 한국의 사회구조가 그걸 원천적으로 불 가능하게 하고 있다고 보고 있다. 대한민국은 '소모임의 박람회장'이 다. 국민 1인당 관여하는 각종 모임 숫자는 동서고금을 통틀어 한국이 최고 수준이 아닐까 싶다.

한국인의 모임 성격은 두 가지다. 친목모임 아니면 접대모임이다. 친목모임은 대체로 과거 지향적이다. 같은 지역에서 태어난 향우회, 같은 해에 태어난 동갑계, 같은 학교를 졸업한 동문회 등이다. 이들 소 모임들은 대부분 과거 어느 한 때의 인연을 매개로 시작된다.

당연히 소모임의 활동에서 오가는 이야기들도 과거 지향적인 경우 가 많다. 오지랖이 넓은 사람들은 이런 모임에 매일같이 참석한다.

접대모임은 공식적으로 안 되는 일을 안면을 터서 청탁하기 위한 자 리다. 어떤 사람들은 이런 접대를 매일 저녁마다 하고, 이런 접대를 매 일 받는 분들도 부지기수다.

한국은 모임도 많고 회식도 많고 단합대회도 많다. 밥 먹고 술 먹고 폭탄주를 마시고 건배하고 1차 가고 2차 가고 노래방 가고 찜질방도 간다. 공무원이건 직장인이건 사업가건 교수건, 법조인이건 예술인이 건 예외가 거의 없다.

찾아다녀야 할 모임이 많고 만나야 할 사람이 많다보니 '진짜 일'을 할 시간이 없다. 선진국들은 반대다. 퇴근해서 집으로 직행하는 한국 인이 드물 정도로, 퇴근해서 1차 2차로 직행하는 선진국 사람들도 드물다.

선진국과 한국 사람들 모두 아침에 출근해서 저녁에 퇴근할 때까지 근무 시간은 비슷하다. 중요한 것은 오후 여섯 시 이후의 '자유 시간'이다. 이를테면 한국인들은 이 시간을 과거를 위해, 혹은 편법을 위해 소비한다면, 선진국 사람들은 낮 시간의 연장처럼 저녁과 밤 시간을 활용한다.

여섯 시 이후의 긴 시간을 이렇듯 '과거 찾기', '인연 만들기'에 활용하는 한 한국인들이 지식과 정보화의 시대를 이끌어가기는 힘들다. 여섯 시 이후의 과거 지향, 인맥 중심의 사고에서 벗어나지 않는 한 자치단체의 발전을 기대하기도 어렵다.

결국 '회식문화'가 대한민국을 망치고 있는 것이다. 한국은 '단합대회'때문에 단합이 안 된다. 자기네끼리만 '위하여!'라고 건배하니 다른 사람들에게는 '대하여against!'로 간다.

지금은 지식과 정보의 시대다. 산업화 시대가 몸으로 때우고 손으로 해결하던 시대였다면 지금은 생각으로 겨루고 머리로 해결하는 시대다. 한 나라의 경쟁력은 지식과 정보의 깊이와 넓이에 의해서 결정된다. 독서량으로 일본의 1/7밖에 안 되는 대한민국이 국가 경쟁력을 확보한다는 것은 연목구어緣木求魚일 뿐이다.

현대 한국인들은 책을 가까이 하지 않지만 우리 조상들은 책을 무척 가까이 했다. 조선시대의 양반은 혈통에 의해서 분류되었지만, 양반과 선비의 신분은 사서삼경을 비롯한 책을 얼마나 가까이 했느냐에 의해서 결정되었다. 일찍이 정조는 '나는 서책을 읽으며 심신의 피로를 씻는다.'는 기막힌 표현까지 했던 멋스런 임금이었다. 그런 조상들이었다.

그런데 이제 와서 책을 멀리하게 된 것은 순전히 회식문화 탓이다. 회식문화는 조직적이고 타율적이어서 개인의 창의성이 존중받지 못한다. 일본에도 회식문화가 없는 건 아니지만, 우리처럼 오래도록 폭음하는 회식문화는 전 세계적으로 유례를 찾아보기 어렵다. 힘들게 일하고, 머리가 아플 정도로 술을 마신 뒤에 무슨 기력으로 책장을 펼칠 수 있겠는가.

회식은 화합을 위한 자리인데 한국만큼 화합이 안 되는 나라도 없다. 화합이 안 되니까 회식한다고 할 수 있겠지만, 허구한 날의 회식에도 불구하고 화합이 이 정도 수준이라면 회식문화를 바꿔야 하지 않을까.

다산 정약용 선생을 생각하며

'강진' 하면 떠오르는 대표적 인물은 누가 뭐래도 '다산茶山 정약용丁若鏞, 1762-1836' 선생이다. 1801년 정약용 선생이 처음 강진으로 유배를 왔을 때 다산은 주막집 주인 할머니의 배려로 골방 하나를 얻는다. 그리고 몸과 마음을 새롭게 다잡아 교육과 학문 연구에 헌신키로 다짐한다. 다산이 머물던 방은 '네 가지를 올바로 행하는 사람이 거처하는 집'

다산 선생의 철저한 자기 관리 정신이 담겨 있는 사의재

이라는 뜻으로 사의재四宜齋라고 이름을 붙였다.

이때부터 다산은 생각, 용모, 언어, 행동 네 가지를 바로 하도록 자신을 늘 경계하면서 '생각은 맑게 하되 더욱 맑게, 용모는 단정히 하되 더욱 단정히, 말은 적게 하되 더욱 적게, 행동은 무겁게 하되 더욱 무겁게' 할 것을 스스로 다짐했다고 한다.

조선 후기 대표적 실학자인 다산 정약용 선생은 강진군에서 18년간의 유배생활을 하는 동안 『목민심서』 등 600여 권의 방대한 저술 활동을 펼치며 그의 사상과 학문을 집대성했다.

다산 정신의 핵심은 당시의 권력 정치를 은유적으로, 때로는 직설적으로 부정하고 민중성의 질서를 구축하려 한 것으로 요약된다. 나는 선각자 다산의 정신과 말씀이 이 시대를 살아가는 모든 공직자들의 전범이 되길 희망한다.

아울러 나 역시 민족의 대학자이자 큰 스승인 다산 정약용 선생의 가르침대로 가장 모범적인 목민관이 되고 싶다. 그리하여 군민이 편안하고 쾌적한 환경 속에서 살아갈 수 있도록 열심히 공부하고, 겸손하고 낮은 자세로, 섬김과 나눔의 자세, 생각과 행동이 젊고 올바른 자세로 일할 생각이다.

정직과 헌신, 그리고 용기

정치학 교수 시절 나는 '정치'의 개념을 '희망의 혁명을 이루는 예술'이라고 가르쳤다. 정치란 우리 사회 곳곳에 드리워져 있는 온갖 절망의 먹구름을 하나씩 걷어내고 그 자리를 희망의 햇살로 하나 가득 채우는 일이라고 생각했다.

그 후 교과서가 아닌 현실 정치에 참여하겠다는 꿈을 키우면서 나는 내가 지켜야 할 세 가지 덕목을 만들었다. 정직, 헌신, 용기였다.

첫째, 정직하게 정치를 해보고 싶었다. 미국의 2대 대통령인 존 아담스의 애칭은 정직한 존Honest John이었다. 16대 대통령 에이브러햄 링컨의 애칭도 정직한 에이브Honest Abe였다. 미국인들은 다른 사람은 다 믿을 수 없어도 대통령 존 아담스와 링컨만큼은 믿을 수 있다는 자부심을 갖고 있다. 나도 정직하고 싶다. '정직'이라는 단어보다 더 예쁘고 더 경제적인 단어는 없다.

둘째, 조국을 위해 헌신하고 싶다. 24시간 내내 불철주야로 고향과 조국을 위해 문자 그대로 분골쇄신 일하고 경영하고 헌신하고 싶다. 나는 사사로운 욕망과 욕심을 버리고 오직 고향 발전에만 헌신하려 한다. 조국이라는 말이 사어死語가 되어버린 오늘 나는 조국에 대한 헌신으로 사투死鬪하고 싶다.

마지막으로, 용기 있는 사람이 되고 싶다. 나는 지성적 비전에 대한 의지적 투철함을 용기로 믿는다. 역사와 시대의 과제와 부름과 질문에 대해서 솔직 담백하게 부응하는 삶이 '용기 있는 삶'이다.

이순신 장군은 선조 조정의 핍박에도 아랑곳하지 않고 백의종군하며 조국을 끝까지 죽음으로 사수했던 용기의 한 전형을 보여주었다. 백범 김구 선생은 반만년 조국이 두 동강 난 38선 경계선 밑에 드러누워 몸을 던지려는 각오로 분단 해체의 가시밭길을 자청해서 걸어갔던

선구자였다.

아름다운 용기 있는 장면들은 비단 그처럼 숭고한 위인들에게서만이 아니라 우리들 주변에서도 흔히 발견될 수 있다. 밤길에 행인이 불량배에게 폭행을 당할 때 자신의 신체적 안위를 개의치 않고 행인을 도와 불량배와 맞서는 시민적 의기와 같은 일이 훌륭한 예가 될 수 있다.

참된 용기는 자기가 처한 자리, 자기가 맡은 소임에서 굽히지 않는 일어섬이다. 나는 정치 현장의 한복판에서 사육신 성삼문이 읊었던 '독야청청獨也靑靑하는 올곧은 소나무'처럼 용기와 소신의 사람이 되고 싶다. 나는 끝까지 비겁하고 싶지 않다. 진실 앞에 숙연할 수 있는 용기 있는 사람이 되고 싶다.

나는 30년 가까이 정치학을 공부해 왔다. 한국에서도 공부했고 미국에서도 공부했다. 책에서 읽고 공부한 대로 이를 실천해 보고 싶다. 학생들에게 가르쳤던 대로, 이제 내 스스로 실천해보고 실현해 보고 싶다. 한국 정치 지도자들의 단골 메뉴인 이기주의를 이겨내고 싶다. 사심私心없이 살아보고 싶다.

'희망의 혁명'을 일으키는 새로운 정치 실험의 길을 묵묵히 걸어가고 싶다. 나는 이 희망의 혁명의 전위이고 싶다. '패자부활전'이 있는 조국을 기필코 건설해보고 싶다. 꿈과 조국을 동의어로 만들고 싶다.

아무도 가지 않은 길을 나서며

고향에서의 군수 자리는 영예롭고 보람찬 것임에 틀림없다. 할아버지, 할머니, 아버지가 누워계시고, 어머니가 살아 계신 고향 땅을 위해 땀과 눈물, 열정을 바칠 수 있다는 것은 은혜롭고 기쁘고 감사한 일이다.

지난 6년 간 군수로 봉직하면서 나는 진짜 많은 걸 깨닫고 느끼고 배웠다. 겸손해서 하는 말이 아니다. 강진군수직은 내 '교실'이기도 했다. 우연한 가난이 없다는 것, 우연한 성공도 없다는 것도 배웠다. 대학에 있을 때 학생들에게 게으름이야말로 가장 나쁜 '죄악'이라고 역설해오던 터였지만, 강진군의 운명에 비약은 없다는 것, 대한민국의 국력 역시 비약할 순 없다는 것을 느끼고 깨우쳤다.

친절이야말로 강진군의 최고 '특산품'이라고 생각했으며, 최고의 기반시설은 '따뜻한 마음'이라고 얘기하게 되었다. 정직·친절·화합이 '강진의 자본capital'이라는, 이는 도덕적 기능을 넘는 고도의 경제적 기능이라는, 부정직과 불친절, 분열은 바로 '경제 사범'이라는 인식은 지역의 '정신 상태'가 그 지역의 경제 상태를 결정짓는다는 학습에 따른 것이었다.

생각의 낙후가 경제의 낙후를 초래한다. 미국, 일본과 같은 선진국과의 과학기술력 격차보다 '생각의 격차'를 훨씬 두려워해야 한다.

공직자들은 고향 산천 앞에 깨끗해야 한다. 공직사회에 대한 국민적 불신은 대한민국의 최대 비극이자 백약을 무효이게 하는 블랙홀이다. 오늘 이 땅에서 지도층이 정직하고 투명할 때 공직사회는 새로워지고, 자치단체는 힘차게 전진해갈 수 있다.

'도덕의 경제적 기능'을 주목한 이 나라 최초의 지자체 단체장으로서 나는 다음 사실을 선언할 수 있다.

이제 각 지자체간의 경쟁은 누가 더 정직한가, 누가 더 친절한가, 누가 더 화합적이냐의 경쟁으로 전개되고 있다. 더 부정직하고, 더 불친절하고, 더 갈등적인 지자체는 침체되고 부진해지고 대열에서 탈락할 수밖에 없다.

익숙하고 편한 오래된 길로만 다닐 순 없다. 더 위험하고 더 불편하고 더 고통스럽더라도 옳고 바르고 필요한 길이라면 '아무도 가지 않은 길'을 찾아나서야 한다. 누군가는 새 길을 내야 하고, 전인미답의 그 길로 걸어가야 한다. 나는 지금 그 길 위에 앞장 서 있다.

황주홍 강진군수

1952년 2월 27일(음) 출생
전라남도 강진

학력

1963~1965	광주 수창초등학교
1965~1968	광주 북중학교
1968~1970	광주 제일고등학교
1973~1979	연세대학교 정치외교학과 졸업
1980~1982	연세대학교 대학원 정치학석사
1982~1985	미국 미주리대학교 정치학석사
1985~1989	미국 미주리대학교 정치학박사
	(전공:정치사상)

경력 및 학력

1976~1977	대통령 긴급조치 9호 위반
	(징역1년 자격정지 1년 복역)
1986~1988	미국 미주리대학교 TA & RA
1988~1989	미국 미주리대학교 정치학 교수(Instructor)
1989~1993	연세대, 건국대, 이화여대 강의
1989~1993	연세대 사회과학연구원 객원 연구위원
1991~1992	중앙일보 제작위원
1992~1993	미국 노스캐롤라이나 대학 교환교수
1993~1995	아태평화재단 연구실장, 기획조정실장
1995~1995	새정치국민회의 창당기획단 부단장
1996~1996	15대 국회의원선거 새정치국민회의 상황실장
1997~1997	15대 대통령 선거 새정치국민회의 방송전략기획팀장
1995~1998	국회정책연구위원 · 실장(차관보)
1998~1999	아태평화재단 부총장(연구실장 겸임)
1997~1999	"희망의 정치 21"(퍼블릭 비전 21) 상임대표
2001~2001	미국 미네소타 대학교 연구교수
2001~2001	새천년 민주당 중앙당 제4정책조정위원장
2002~2002	16대 대통령선거 새천년민주당 중앙선거대책위원장 정무특보

(전)희망의 세상을 열어가는 사람들 공동대표
(전)한국국제정치학회 이사
(전)한국정치학회 상임이사
(전)평화운동연합 부총재
(전)건국대학교 정치외교학과 교수
(전)사단법인 국가전략연구원 원장
(현)연세대학교총동문회 이사
(현)미국 미주리대 한국동문회 이사

저서

『현대정치와 국가』 (연세대 출판부, 1992)
『미래학 입문』 (평민사, 1993)
『한국정치와 국제관계』 (박영사, 1989)
『새로운 공동체를 찾아서』 (한맥, 1997)
『자유주의와 민주주의』 (문학과 지성사, 1991)
『서양정치사상』 (문학과 지성사, 1993)
『현대정치학』 (을유문화사, 1994)
『토니블레어 : 영국개혁 이렇게 한다』 (중앙M&B, 1998)
『패자부활전이 있는 나라』 (풀빛출판사, 2000)
『패자부활전 : 희망의 다른 이름』 (풀빛, 2002)
『지도자론 : 한국의 리더와 리더쉽』 (건국대출판부, 2002)
『황주홍 교수의 미래학 산책』 (조선일보사, 2002)
『강진군에서도 대한민국을 바꿀 수 있다』 (전남대학교출판부, 2010)

성공 *Achievement*과 자치 *Automony* 모두 최고를 지향하는

사단법인 A+성공자치연구소 www.aplusana.org 또는 www.aplusana.com 는

한국의 지방자치 발전에 앞장서는 연구소가 되겠습니다.

■ 사단법인 A+성공자치연구소가 하는 사업

1. 지방자치 발전을 위한 각종 세미나, 학술회의 개최 및 국내외 연수

2. 지방자치 발전을 위한 단체 및 개인을 대상으로 한 교육사업

3. 본 연구소의 설립목적 달성을 위해 필요한 강사 양성사업

4. 국내외 연구기관과의 공동 연구 및 협력·교류

5. 공공기관 및 기업체 등의 연구용역

6. 지방자치 관련 저서, 월간지 등 각종 자료의 발간 및 배포

대한민국을 움직이는
자치단체 CEO ❷

초판 1쇄 인쇄 2010년 11월 30일
초판 1쇄 발행 2010년 12월 6일

지은이 정문섭
펴낸이 김환기
펴낸곳 도서출판 이른아침

주 소 서울시 마포구 마포동 324-3 경인빌딩 3층
전 화 02)3143-7995
팩 스 02)3143-7996
등 록 2003년 9월 30일 제 313-2003-00324호
이메일 booksorie@naver.com

ISBN 978-89-93255-59-1 03340
정가 18,000원